仕事がはかどる ケアマネ術 シリーズ ③

改訂版

あなたの悩みを
解決できる！

成年後見

著 池田惠利子

第一法規

改訂に際して—成年後見制度利用促進法を受けて

2016年5月に「成年後見制度の利用の促進に関する法律」（成年後見制度利用促進法）が施行された。これを受けて内閣府に成年後見制度利用促進会議が設置され、筆者も参加し議論を重ねた。2018年度からは同法の事務局が厚生労働省に移り、ますます介護・福祉・医療や地域福祉との関係を深め、成年後見制度を利用する人のメリットを追求するため自治体ごとに中核機関を設置するべく、成年後見制度利用促進基本計画を進めているところである。

独居等で暮らす高齢者が認知症になっても、その生活を地域で維持することを目指す地域包括ケア推進のためには、高齢者本人がお金と介護等生活関連サービスを適切に使うことが必要である。その法的キーパーソンとして成年後見人等が必要になる。適切な人材が親族等で見つからなければ、本人の状況に合わせて地域で適任者を推薦し供給していくことも求められる。

このような地域社会の要請に応えていくためには、後見等の申立て段階からケアマネジャー等の地域支援者が関わっていくことがますます重要となる。また、2019年度から医師による能力判断の基準が財産管理から「契約」という概念重視に変更された。「本人情報シート」の記載をケアマネジャーが求められるようになった背景には、このような社会の要請があるのである。

高齢者本人をないがしろにしない本人中心主義の実現の一助として、筆者も作成に関わった「認知症の人の日常生活・社会生活における意思決定支援ガイドライン」や「身寄りがない人の入院及び医療に係る意思決定が困難な人への支援に関するガイドライン」等の周知啓発も少しずつ進み始めている。

一人の「尊厳ある人」として、認知症になった人も身寄りをあてにできない人も「声なき声」として無権状態のままにされず、社会で支えられるようになることが筆者の永年の夢である。

超高齢社会における権利擁護の問題は、著者である私にとっても読者のみなさんにとっても他人ごとではない。

本書を買い求め参考にしてくださるケアマネジャーのみなさんが、筆者と夢を同じくする仲間として、その実現に向けた取組みを実践していってくださることを心から期待し活躍を祈るものである。

2020年1月　　　　　　　　　　　　　　　　　　　　　　　池田惠利子

はじめに

　本書はケアマネジャーの方々が、成年後見制度を使うことで高齢者の在宅生活を支えやすくなることを願って書いたものである。筆者も熱心なケアマネジャーの気付きと口添え、協力の下で、保佐人等として高齢者の在宅生活を支えてきた。

　だからこそ、ケアマネジャーのために成年後見制度についての本を書きたいと、長年考えていた。この制度は、高齢者等の地域での生活を支えるためのものと筆者は考えてきたし、実際に海外ではノーマライゼーション（＝人として当たり前に地域で暮らすこと）のための制度として機能している。そこで本書の執筆に当たっては、ケアマネジャーの方々が日々悩んでいる事例を中心に、解説も含め、ともかく分かりやすく実際に使えることを目指して努力したつもりである。

　筆者は権利擁護に関わって20年、認知症高齢者や虐待を受けるなどした、無視されがちな生活者の声を聴き続けてきた。そしてその経験の中から、もっとこの制度が活用されるべきだと思っている。しかし、成年後見制度を必要とする人は、自ら手を挙げて手続きし利用することは難しい。ケアマネジャーにとって、高齢者の本人意思を支え、「契約」という形にしていく仲立ちの関わりは、権利擁護面でも不可欠であるが、本人判断が適切かどうか心もとない場面も多くある。また、サービス等に対価を払うことも含め、もともと地域での生活はお金と切り離すことはできないが、現実では既に、家族が常に適切に支援してくれるということは幻想でしかなくなっている。

　実は、ケアマネジャーが今一番悩んでいるこのようなことの相当数は、「支援の社会化」としてこの成年後見を利用することで解決できるはずだ。

　2016年春には「成年後見利用促進法」が国会で成立し、日本の超高齢社会においてもいよいよ成年後見制度の活用が進むことが予想される。

　本書をケアマネジャーだけでなく一人でも多くの介護・福祉関係者、地域包括ケアを推進する地域包括支援センター・自治体職員にも読んでいただければ幸いである。そして、本人意思を大事にする良い後見人との出会いがあることを願っている。

　最後に、本書を書く機会を与え励ましてくださった、第一法規のご担当者である笹川、諸星、井上お三方に心から感謝申し上げたい。そして、これまで私を見守り支えてきてくださった多くの方々、とりわけ私事ではあるが、夫の池田隆年に理解し支えてもらえたことで本書を書き上げることができた。あらためてこの紙面で感謝を述べたいと思う。

2016年10月　　　　　　　　　　　　　　　　　　　　　　　　池田惠利子

目次

....

■ケーススタディ編

解説 編

1 成年後見制度を理解しよう

1 どんな時に使える？メリットと制度の理解

(1) なぜ、成年後見制度が必要なのか、どんな時に使えるのか、使うメリットは何かをまず考えてみましょう

　成年後見制度は、ケアマネジャー（介護支援専門員）にとって高齢者の在宅生活を支えるための有効な「使える制度」です。

　これから解説することを正確に理解することは、ケアマネジャーとしての仕事をしていく上で、今、抱えている多くの悩みの解決につなげられるだけでなく、リスクマネジメント面やコンプライアンス（法律上問題ないかという視点）の面で安心につながり、在宅生活を支える今後の仕事への自信につながります。

成年後見制度とは

認知症・知的障害・精神障害などのため**判断能力が十分でない人（本人）**に、本人の権利を守り法律的に支援する人（法人を含む）を付ける制度です。

例えば、このようなことで支えます

預貯金・年金等財産の管理やどう使うかを判断し、支払う	介護・医療等の手続き、申請、契約、苦情申立て、変更申請等	一人では困難な契約を一緒に考える、または不利益な契約の取消し

ケアマネジャーとしてこんなことで困っていませんか

①生活するのに必要な介護や医療のサービス利用について理解してもら
えず、契約にまで持っていけない。

　成年後見人等が付くことによって、高齢者本人と成年後見人等が一緒
に必要な介護や医療のサービス利用について考え判断し、法的にも正式
な形で契約することができます。また、費用のことも高齢者本人側で考
えてもらえるので、安心して積極的に在宅支援を勧められます。

②いつの間にか悪質商法にひっかかっていて、年金担保のローンまで組
まされていた。どうしたらいいの？

　普段から成年後見人等が高齢者本人の預貯金や年金などの財産管理を
行うことによって、防止ができます。また、高齢者本人の判断のみで行
われた金銭的な契約を取り消すこともできるため、悪質商法の被害に遭
いにくくなります。

③子どもがいないご夫婦を担当しているが、ご主人が軽度認知症で頼れ
る親戚もおらず、これからの生活の維持や財産管理等の面で不安が大
きい。ケアマネジャーとしても心配している。

　任意後見人（⇒本書 19 頁　(2)　**任意後見制度**参照）も含め、成年後
見人等は判断能力が不十分になった人の財産管理や複雑な手続き・申請、
契約等を一緒に行うことで、ケアマネジャーや事業者等支援者と共に、
本人の日常生活を支えていきます。

Check してみましょう
1つでも当てはまる項目があれば、
成年後見制度の利用を考えてみましょう

＜ケアマネジャー用チェック項目＞

□高齢者本人は自宅での生活を続けたいと望んでいるが、適切に関わってくれる親族等がいないので不安。

□家の中に無造作に現金が置かれている、期限を過ぎた支払をヘルパーが依頼されるなど、高齢者本人が金銭管理を適切に行えなくなってきている。

□高齢者本人が印鑑や通帳、キャッシュカード、保険証等をたびたび紛失している。

□高齢者自身でのサービス決定や契約が困難で、適切に支援してくれる家族がいない。

□認知症等がある高齢者に、相続の問題や不動産等を売らなければならないといった問題が生じている。

□家族や第三者が、高齢者本人の意思に反して、財産を預かったり使用したりしているようだ。

□高齢者本人の判断力が低下したので、事業者等の第三者が本人の財産を預かり、契約等を行っている。

□財産を預かっている家族が、高齢者本人の医療や介護サービス料を支払わなかったり制限したりしている。

＜高齢者用チェック項目＞

□食料や日用品の買い物、切符を買う等の時に、お金を払うことが難しくなってきた。

□旅行に行ったり高額商品を買ったりする時に、預金がいくらあるのか等が分からないままに支払をしてしまう。

□ゴミ捨ての規則等、地域のルールを理解することができなくなってきた。

□賃貸アパート等を不動産屋と契約できるか不安。敷金・礼金等の意味を理解していない。

□自分に必要なヘルパーや福祉サービスの内容、かかる費用などを理解し、自分で選んで契約することができない。

□銀行からお金を引き出し、日常生活に必要な分の支払をすることができない。

□配偶者や親族等が亡くなった時に、自分が遺産を相続する権利があると理解し、手続き等を自分でしたり依頼したりする自信がない。

□自分名義の財産を処分して、有料老人ホームの入居金に当てる等の決断ができない。

□悪質商法やリフォーム詐欺等にひっかかりそうで心配だ。被害に遭った時、どうすればいいのか分からない。

□家庭や施設等で殴られたりひどい目に遭ったりしても、誰かに訴えることや逃げることはできないと思う。

□病気や怪我をした時に、自分で判断して病院に行くことができない。医者から症状や治療方法を説明されても、よく分からない。

□保険関係の申請について、分からないことが多く、自信がない。

(2) どんな制度なのかを理解してみましょう

<制度利用をチャートで考えよう>

任意後見制度	法　　　定

判断能力は
大丈夫！

補助類型

判断能力に少し
衰えがある

高齢者本人が元気で、まだ今は自分で決められる	最近、少し物忘れがある判断能力が不十分な人を対象としています
でも、もし認知症になったらと将来のことが心配	お釣りは間違えるけど、買い物に行ける。間違った時には違うと言ってくれる人が必要。難しい手続きはできない

公証役場で任意後見契約を結びます
任意後見契約書作成の際（任意後見のみ）、公正証書を作成するための費用がかかります
手数料…11,000円位＋その他登記手数料等
詳細はご利用になる公証役場にご確認ください。誰に何を支援してもらうのか決定し、支援内容を契約書にします。

必ず本人の
同意が必要
です

登記

ケアマネジャー

法務局	家　庭　裁

任意後見人	補助人
本人の**判断能力が不十分になった後**の財産管理や介護や住まいの確保などに関する、様々な契約を行います。 ※契約の取消権はありません。 ※任意後見監督人を裁判所が選任します。	家庭裁判所に申立てをして**定められた範囲に関して、契約の代理や取消**しなどを行います。

後　見　制　度

保佐類型

判断能力がかなり
衰えている

だいぶ認知症が進んだ
しっかりしている時もあるんだけど…
判断能力が著しく不十分な人を
対象としています

買い物も難しくなって、
重要な契約の時には代わりに
判断してくれる人が必要

代理権付与について
本人も望んでいるか？

はい：
代理権付き

いいえ・不明：
代理権なし

後見類型

判断能力が非常に
減退している

高齢者本人がしっかりしている
時はほとんどない
ほとんど判断できない人を
対象としています

買い物は一人でできない
あらゆる契約や手続きの時に
本人の代わりに判断して
くれる人が必要だ

等が「本人情報シート」を記入し医師へ提出、診断書等必要書類を準備

判　所　へ　申　立　て

保佐人

借金や相続、家の増改築など**重要な
契約には、保佐人の同意が必要**です。
**保佐人の同意を得ずに交わされた契
約は、取り消す**ことができます。また、
家庭裁判所に申立てをして**定められ
た範囲に関して、契約の代理**を行い
ます。

成年後見人

本人の財産を管理し、法的代理人と
して本人に代わって**契約を交わし**た
り、本人が交わした**契約を取り消し**
たりすることができます。

2 制度利用の流れ～どうやってつなげば良いのでしょうか～

　制度利用のためには、どこに・誰が・どうやってつなげば良いのか、いくらかかるのかなどを知っておきましょう。

(1)　法定後見制度

①　申立て準備　　ケアマネジャーの関わりが必要とされています

・高齢者本人の判断能力、分かる範囲での経済状況、日常生活を把握し、申立人になる人や機関に説明できるように「本人情報シート」（⇒本書24頁　4　ケアマネジャーに求められる「本人情報シート」について参照）を作成します。

・申請書類や診断書の書式はインターネットでダウンロードするか、家庭裁判所でもらうことができます。（親族やケアマネジャー）

・医師に本人情報シートを提出し、診断書の作成を依頼します。（親族や役所等の申立人予定者）

・戸籍謄本等の必要書類を集めます。（親族や役所等の申立人予定者）

・申立書類を作成します。（親族や役所等の申立人予定者）

・高齢者本人への説明は、親族やケアマネジャー等の高齢者本人から信頼されている人が行うか、あるいは説明の場に付き添いましょう。高齢者本人のことですから、本人への説明が重要です。

＜申立てできるのは？＞

・まず申立人を検討します。

・高齢者本人や配偶者・4親等内の親族が申立人になれます。

・老人福祉法第32条において定められる「その福祉を図るため特に必要があると認めるとき」とは、①2親等内で該当する親族がいない（厚生労働省の事務連絡により、市町村長申立ての場合は2親等内とされる）、②親族が音信不通または拒否する、③親族による虐待が疑われる、といっ

4親等内の親族の図

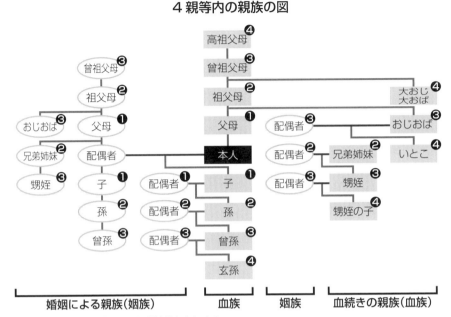

婚姻による親族（姻族）　　血族　　姻族　　血続きの親族（血族）

※右上の数字は、本人からみた親等数を表します。
［親族の範囲＝6親等内の血族、配偶者、3親等内の姻族（民法725条）］

出典：「4親等内の親族の範囲」（福）品川区社会福祉協議会　品川成年後見センター
　　　（http://shinashakyo.jp/koken/family.html）

た場合を指します。この場合は市町村長が申立てを行うこととなるため、
地域包括支援センターや地域の後見中核機関（後見センター等）につなぐ
必要があります。

＜申立てには何が必要？＞

裁判所によって違いがあるので、詳しくはインターネットで「成年後見申
立て必要書類」と検索し、チェックリスト等の最新版をダウンロードして、
利用してください。必ずしも全ての項目に書き込みをしなくてはならないと
いうことではありません（財産目録等）。裁判所に相談してみてください。

　　□申立書類（申立書／申立事情説明書、親族関係図、財産目録・収支状況
　　　報告書）

□戸籍謄本（本人）　　□住民票（本人／後見人等候補者）
□登記されていないことの証明書（本人）
□診断書（成年後見用）と本人情報シート
□収入印紙、郵便切手、鑑定費用等
　申立書には、高齢者本人が日常生活でどのようなことに困っているのか、後見人等に何をしてほしいのかを明確に書くことが重要です。申立てそのものは親族や役所が行いますが、申立書の作成にあたってはケアマネジャーが上記をしっかりと伝えて、書き込んでもらえるようにしましょう。

＜診断書や鑑定書は、どうするの？＞

・診断書は、介護保険のかかりつけ医（内科医等）へ依頼します。インターネットに診断書の書式と書き方がありますので、ダウンロードして依頼すると良いでしょう。料金は 5,000 円が一般的です。

・診断書を依頼する際には、高齢者本人の日常生活を知るケアマネジャーが、判断の参考になる本人情報シートを作成し（⇒本書24頁　**4　ケアマネジャーに求められる「本人情報シート」について**参照）、医師に提出します。

・「保佐」「後見」の申立てをする場合は、原則として家庭裁判所が判断能力の程度について医師に鑑定を依頼することになっていますが、現状では診断書のみで OK となることが多いです。しかし、念のため診断書を依頼する際に、かかりつけ医に鑑定もお願いできるか確認しておくとスムーズに進みます。鑑定料金は 50,000 円程度が一般的なようです。

＜いくらかかるの？＞

　費用は原則、申立人が負担します。申立費用や診断書費用に困る場合は、市町村の成年後見利用支援事業により全額公費でまかなえるかもしれません。市町村に相談してください。
□申立書
□申立て・登記のための手数料、郵便切手代（800 円程度）
□診断書（5,000 円〜）

成 年 後 見 申 立 て セ ッ ト
申立てに際してご用意いただく書類など（チェックリスト）

成年後見（保佐／補助）開始の審判の申立ての際には以下のものが必要になりますので，同封の「申立手続と必要書類などの説明」の中にある「3　後見・保佐・補助開始の審判の申立てについて」をよくお読みいただき，ご用意ください。

	申立人 チェック欄	名　　　　　称
1	☐	収入印紙　（申立費用） 　　後見又は保佐開始のときは，８００円分 　　保佐又は補助開始＋代理権付与又は同意権付与のときは，１，６００円分 　　保佐又は補助開始＋代理権付与＋同意権付与のときは，２，４００円分
	☐	収入印紙　２，６００円（登記費用）
	☐	郵便切手 　　後見開始のときは，３，７００円分 　　　（1円×10枚　2円×15枚　10円×15枚　50円×15枚　84円×15枚　500円×3枚） 　　保佐開始・補助開始のときは，４，７００円分 　　　（1円×10枚　2円×15枚　10円×15枚　50円×15枚　84円×15枚　500円×5枚）
2	☐	申立書
3	☐	申立事情説明書
4	☐	本人情報シート（写し）
	☐	診断書及び診断書付票
5	☐	本人の戸籍謄本(全部事項証明書)
6	☐	本人の住民票（または戸籍附票）
	☐	成年後見人等候補者の住民票（または戸籍附票） 　　※成年後見人等候補者が法人の場合は商業登記簿謄本（登記事項証明書）
7	☐	本人の登記されていないことの証明書
8	☐	親族の意見書（確認いただく親族は，本人が亡くなった場合に相続人となられる方々です。）
	☐	本人の同意書（保佐用） 　　※本人以外の方が保佐開始申立てと同時に代理権付与の申立てをする場合のみ提出 本人の同意書（補助用） 　　※本人以外の方が補助開始申立てをする場合のみ提出
9	☐	後見人等候補者事情説明書
10	☐	親族関係図
11	☐	財産目録
	☐	相続財産目録（遺産分割未了の相続財産がある場合のみ提出）
12	☐	収支予定表
13	☐	本人の財産，収支，健康に関する資料 　・　不動産についての資料　（不動産登記事項証明〜 　・　預貯金，投資信託，株などについての資料（〜 　・　生命保険，損害保険などについての資料（生〜 　・　負債についての資料（金銭消費貸借契約書，返〜 　・　収入についての資料（給与明細書，年金証書な〜 　・　支出についての資料（施設利用料，入院費など〜 　・　相続財産に関する資料（遺産分割未了の相続財産〜 　・　代理権，同意権を要する行為に関する資料（契約書など） 　　　（保佐又は補助開始の申立てにおいて代理権付与又は同意権付与を求める場合のみ提出） 　・　本人の健康状態に関する資料（介護保険認定書，療育手帳，精神障害者保健福祉手帳など）
14	☐	チェックリスト　※この封筒
	☐	
	☐	

> 以下の資料については本人等と探しても見つからない、不明などの場合は、その旨を書いて提出します。後見人が付いてから権限を持って探せば良いのです。

※本申立てについては，個人番号（マイナンバー）の記載のない資料をご提出ください。

出典：高松家庭裁判所ホームページ

□本人情報シート（最高裁判所において作成費用については明示されていませんが、有償とする場合は当事者間の合意によって決めることとなっています）

□戸籍謄本（450円～）　　□住民票（200円～）

□登記されていないことの証明書（300円）

□申立て・登記のための収入印紙、郵便切手（11,000円程度）

□鑑定費用（100,000円程度予納し、余ったら返金されることが一般的です）

② **準備完了・裁判所へ申立て**

・申立人が高齢者本人の住所地の家庭裁判所に電話で予約し、申し立てます。

③ **調査・鑑定・照会**

・家庭裁判所は、書類を点検し、申立人に申立ての事情を確認します。

・成年後見人等の候補者がいる場合、候補者に対しても事情調査をします。

・家庭裁判所の調査官等が高齢者本人に面接します。外出が難しい場合は本人の居所を訪問します。

・「保佐」「後見」の申立てをする場合は、原則として判断能力の程度について家庭裁判所が医師に鑑定を依頼します。

・家庭裁判所が親族に対して意向を照会します。

④ **審理・審判**

・申立人から提出された書類や調査結果の内容を、家庭裁判所が検討します。

・家庭裁判所は後見等開始の審判をし、最も適任と思われる人を成年後見人等に選任します。場合により成年後見人等の監督人を選任します。

・審判結果（審判書）が申立人と高齢者本人、成年後見人等に通知されます。

⑤ **審判確定・登記**

・審判書が届いて約2週間後に審判確定。正式に成年後見人等が就任。

・確定後、審判の内容は東京法務局に登記されます。

⑥ 支援開始

＜申立てからどのくらい期間がかかるの？＞

□高齢者本人等の状況によって異なりますが、申立日から１～２カ月くらい
　で家庭裁判所から審判書が届き、支援が始まることが多いようです。

＜どこに相談すれば？＞

□成年後見制度について

　まず地元の地域包括支援センターに相談してみましょう。

　・法テラス（日本司法支援センター）
　　ＴＥＬ：０５７０－０７８３７４（サポートダイヤル）
　・各市町村の地域包括支援センター（障害者の相談窓口は各市町村）
　・地域の社会福祉協議会等の後見センター
　・全国の弁護士会
　・全国の司法書士会（公益社団法人成年後見センター・リーガルサポート）
　・公益社団法人日本社会福祉士会及び各地の権利擁護・成年後見センター
　　「ぱあとなあ」

□成年後見制度を利用するための申立手続きや必要書類、費用等について

　・全国の家庭裁判所

※現在、成年後見制度の活用をすすめるために、全国の各自治体全てに後見
　センター等、名前は様々ですが中核機関が整備されつつあります。みなさ
　んの自治体でも確認してみてください。

⑵ 任意後見制度

　任意後見制度は、十分な判断能力がある高齢者本人が、将来、判断能力が
不十分な状態になった場合に備えて、あらかじめ自らが選んだ代理人（任意
後見人）に、自分の生活、療養看護や財産管理に関する事務について代理権
を与える契約（任意後見契約）を、公証人の作成する公正証書によって結ん
でおくものです。

子どものいない夫婦や身寄りをあてにしない高齢者などが、死後のことや認知症になってしまった時のことを、判断力の明確なうちに自身で決めておくことができます。遺言や墓、葬儀等の死後事務等や寝たきりになった場合を気にしている人にも、判断力が低下した場合にどうするかをまずは考えてもらうために、制度を紹介すると良いでしょう。本書110頁、ケーススタディ編 **Case 4** も参考にしてください。

① **任意後見契約**

・判断能力が低下した時に、誰からどのような支援を受けたいかについてあらかじめ決めます。その際には、報酬等についても依頼したい相手と話し合って決めておきます。

・任意後見契約を依頼する相手として、第三者の弁護士や司法書士が選ばれることが多いですが、高齢者本人が信頼できて「この方に頼みたい」という人であれば、資格は問われません。

・公証役場で公正証書を作成して契約し、登記しておきます。

② **任意後見監督人選任の申立て**

・高齢者本人の判断能力が低下した際には、家庭裁判所に「任意後見監督人選任の申立て」を行います。任意後見契約が効果を発するためには、必ずこの申立てがされなくてはなりません。

・「任意後見監督人選任の申立て」ができるのは、高齢者本人やその配偶者、任意後見受任者、4親等内の親族等です。

③ **開始**

・監督人の選任後、任意後見契約に従った支援が始まります。

・任意後見人は家庭裁判所に選任された任意後見監督人による監督を受け、あらかじめ決定していた報酬を受け取ります。

・また、任意後見監督人にも、家庭裁判所が決めた報酬を本人資産の中から支払うことになります。

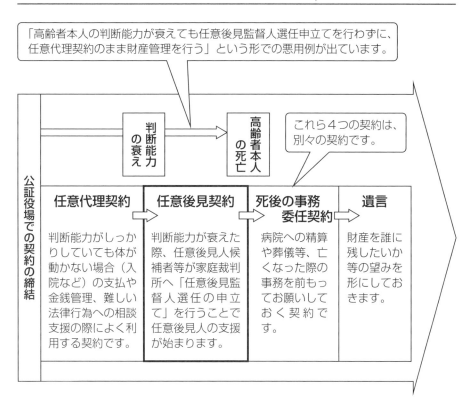

「高齢者本人の判断能力が衰えても任意後見監督人選任申立てを行わずに、任意代理契約のまま財産管理を行う」という形での悪用例が出ています。

これら４つの契約は、別々の契約です。

任意代理契約	任意後見契約	死後の事務委任契約	遺言
判断能力がしっかりしていても体が動かない場合（入院など）の支払や金銭管理、難しい法律行為への相談支援の際によく利用する契約です。	判断能力が衰えた際、任意後見人候補者等が家庭裁判所へ「任意後見監督人選任の申立て」を行うことで任意後見人の支援が始まります。	病院への精算や葬儀等、亡くなった際の事務を前もってお願いしておく契約です。	財産を誰に残したいか等の望みを形にしておきます。

公証役場での契約の締結

判断能力の衰え → 高齢者本人の死亡

　なお、任意後見契約を公証役場で締結する際には、図のように他の契約も一緒に行うことがありますが、これを悪用する利用例が出ていることを知っておきましょう。

＜任意後見契約はいつから効力を持つの？＞

□高齢者本人の判断能力が低下し、家庭裁判所で本人の任意後見監督人が選任されて初めて、任意後見契約の効力が生じます。任意後見監督人選任の申立てをする必要が生じた場合は、家庭裁判所に連絡してください。

＜いくらかかるの？＞

次のような費用がかかります。

☐公正証書作成の基本手数料（11,000 円）

☐登記嘱託手数料（1,400 円）

☐法務局に納付する印紙代（2,600 円）

☐その他（高齢者本人に交付する正本等の用紙代、登記嘱託書郵送用の切手
代等）

☐公証人が高齢者本人の居所等に出向いた場合の出張費

＜どこに相談すれば？＞

任意後見制度についての相談を受けた場合には、必ず、公的な相談機関（地
域包括支援センターや社会福祉協議会等による後見センター）につなぐこと
が大切です。

☐任意後見契約について

・日本公証人連合会

TEL：03-3502-8050

・全国の公証役場

3 ケアマネジャーができること＆やるべきこと

成年後見制度に関するケアマネジャーの役割や、どこまで関わるべきなの
かを整理してみましょう。

第一に

まずは「この方には成年後見制度が必要なのではないか」、「成年後見制度
を使うことで、ケアマネジャーとして自分の仕事がしやすくなり、自信を
持って支えられるのではないか」ということに気付くことのできる力を養い
ましょう。

高齢者の一人暮らしや高齢者のみの世帯が増える中、高齢者本人の理解力

が十分ではなく、契約等に不安があったり、金銭管理ができていなかったりする場合は、ケアマネジャーも大きな不安を抱えることになります。家族等の関わりが十分でなければ、高齢者本人から金銭管理等への関与を依頼されたり、期待されたりしてしまうこともあるでしょう。

　しかし、これらはケアマネジャーの関与として不適切であるだけでなく、責任の問題も発生してきます。かといって、お金や契約（買物を含む）の管理ができず、支援もないままでは、地域社会での生活を続けられないことも事実です。このような時にこそ、ケアマネジャーが成年後見制度をしっかりと理解して説明し、高齢者本人を制度につなげることが大切です。そうすることによって、ケアマネジャー自身も本来の仕事がしやすくなります。

第二に

　高齢者本人に「ケアマネジャーとして、今後も生活を支え続けていきたいと考えている」こと、そのためには「ケアマネジャーとは違う立場で支えることができ、生涯にわたってキーパーソンになってくれる後見人等が必要である」ことについて、説明をしましょう。高齢者本人としっかり向き合うことが、信頼を得ているケアマネジャーとして、その後につなげる大切な第一歩になります。

第三に

　責任を持って申立て支援に関わってくれる人や機関と、高齢者本人をつなげましょう。そこから先は、その人あるいは機関の指示等に従って協力していくという形になります。

第四に

　2019年からは高齢者本人の生活状況を知るケアマネジャー等に本人情報シートの作成が裁判所から求められるようになりました（⇒本書24頁　**4 ケアマネジャーに求められる「本人情報シート」について**参照）。高齢者本人を成年後見制度につなげるために、ケアマネジャーとして後見中核機関等

に適切な情報提供をしましょう。

　申立ての際には、高齢者本人の日常生活を知っている人のアドバイスが必要です。例えば独居の場合等、総合的に見ると「ケアマネジャーが一番本人の生活を知っている」という状況もありますから、適切な成年後見制度の利用につなげるため、ケアマネジャーから積極的に情報提供をすることが不可欠です。高齢者本人の意思を汲んで、例えば「同性である女性の成年後見人等でないと受け入れにくい」などの情報も後見センター等に伝えることが、その後の支援の鍵となることもあります。

　なお、申立ての際には、その時点で把握できる財産状況を確認しなくてはなりません。それに際しても、高齢者本人がケアマネジャーだけに信頼を寄せている場合などは立ち会わざるを得ないかもしれませんが、その場合は申立責任者の指示で同席するという形をとるのが良いでしょう。

最後に

　裁判所への申立て後、高齢者本人と面接がある場合などは同行もしくは自宅での同席を求められるかもしれませんが、これも求めがあればということになります。

4　ケアマネジャーに求められる「本人情報シート」について

　2019年4月より成年後見制度における医師の診断書書式の変更及び「本人情報シート」の作成が始まり、ケアマネジャー等が高齢者本人の生活状況等について記載することが求められています。

　これについては、厚生労働省から自治体に周知依頼が出ているところです。裁判所の後見ポータルサイト（http://www.courts.go.jp/koukenp/）から本人情報シートのダウンロードができるようになっていますので、詳細についてはここを参照してください。

　なお、本書26頁の「手続きの流れ」と28～33頁の様式は後見ポータルサイトにある「成年後見制度における診断書作成の手引　本人情報シート作

成の手引」より引用（編集部補筆）したものですので、参考にしてください。また、本書81～82頁 **Case 1** に本人情報シートの記載例を掲載しましたので、参考にしてください。

＜何のためのもの？＞

　「本人情報シート」とは、高齢者本人を日ごろから支援しているケアマネジャー等が、本人の生活状況等に関する情報を記載するものです。

　この本人情報シートは、医師が本人の判断能力についての診断をする際の参考資料としたり、裁判所が本人の判断能力や本人に必要な支援を考え、どのような後見人がふさわしいか等を考えたりするための資料として活用が期待されているものです。

　このシートの作成は義務ではありませんし、これが無ければ診断書が作成できない、申立てができないということではありません。

　しかし、「成年後見制度の利用の促進に関する法律」と市町村の成年後見制度利用促進基本計画で求められている成年後見の活用の目的は、単なる財産管理のみではなく、地域包括ケアを推進して地域共生社会を実現し、高齢者が住み慣れた地域での生活を可能とすることです。したがって、2019年度より医師の診断書に求められる内容も、財産管理の問題よりも「契約」を理解できるかということを判断の中心に据えたものに変化しています。

　ここで求められているのは、日々の生活状況等を客観的に理解しているケアマネジャー等の持っている情報なのです。

＜誰が書くの？＞

　職務上の立場で本人を日ごろから支援しているケアマネジャー等の社会的支援者で、家族等は想定されていません。

　具体的には高齢者本人の支援に関わっているケアマネジャーや相談支援専門員、病院・施設の相談員、地域包括支援センターや社会福祉協議会等の後見センター（権利擁護支援センター）の職員等が想定されています。

手続きの流れ

 高齢者本人を支える福祉関係者

福祉関係者による本人情報シートの作成（※）

 かかりつけ医または精神科医

医師に対する本人情報シートの提供

医師による診断書の作成

家族等申立人による申立て

家庭裁判所

申立て	●申立てには，診断書及び本人情報シートのほか，申立書などの書類や，申立手数料などの費用が必要です。 ●来庁する日時について，電話予約が必要な家庭裁判所もあります。

調　査 鑑　定	●裁判所から事情をお尋ねすることがあります（調査）。 ●高齢者本人の判断能力について鑑定を行うことがあります（別途費用がかかります）。

審　判	●後見等の開始の審判をすると同時に成年後見人等を選任します。

後見事務	●成年後見人等は，選任後速やかに，高齢者本人の財産や生活の状況を確認し，財産目録及び収支予定表を作成し，家庭裁判所に提出します。 ●成年後見人等は，本人の意向を尊重し，本人にふさわしい暮らし方や支援の仕方を考えて，財産管理や介護，入院などの契約について，今後の計画と収支予定を立てます。必要に応じて，介護サービスの利用契約や施設への入所契約などを，本人に代わって行います。 ●成年後見人等には，原則として少なくとも年に1回，家庭裁判所に本人の生活や財産の状況などの報告を求めています。

市区町村に設置されている地域包括支援センター，社会福祉協議会等が運営する権利擁護支援センター，成年後見制度に関わる専門職の団体（弁護士会，司法書士会，社会福祉士会など）等に，成年後見制度を利用するための手続きについて，あらかじめ相談することができます。

※本人情報シートの提出が難しい場合は，本人情報シートを提出することなく申立てを行うことが可能です。

26

＜いくらかかるの？＞

　業務の一環として無償で作成することが想定されますが、場合によっては依頼者が作成費用を負担することもあり得るので、当事者間での確認が必要です。

＜どう使われるの？＞

　医師の診断のための補助資料として使用されるほかに、以下のような場面での活用が想定されています。

A　高齢者本人の生活状況等についての認識を共有し、制度利用の適否や支援について多職種で検討する

B　家庭裁判所にて、高齢者本人の身上監護における課題も把握してどのような後見人等を選任すべきか等の検討

C　後見支援の開始後の生活状況や、心身の状況の変化に応じて支援を検討する際の資料

D　多職種でのチーム支援体制の構築や支援方法の見直し、類型や代理権等の再検討等、本人の意思を汲んだ本人にメリットのある支援を行うため、モニタリングのための資料

＜文書の開示について注意しよう＞

　本人情報シートは家庭裁判所に申し立てた申立人や高齢者本人、そして申立て手続きに関係した親族等の申し出があれば、原則開示することに留意しましょう。

　しかし、当事者に開示することを不適当とする特別の事情があると認められれば非開示になる時もあります（開示を認めないことに対しての不服申立てもあり）。

本人情報シート（成年後見制度用）

※ この書面は，本人の判断能力等に関して医師が診断を行う際の補助資料として活用するとともに，家庭裁判所における審理のために提出していただくことを想定しています。
※ この書面は，本人を支える福祉関係者の方によって作成されることを想定しています。
※ 本人情報シートの内容についてさらに確認したい点がある場合には，医師や家庭裁判所から問合せがされることもあります。

作成日 ＿＿＿＿＿ 年 ＿＿＿ 月 ＿＿＿ 日

本人	作成者
氏　　名：＿＿＿＿＿＿＿＿＿＿＿	氏　　　名：＿＿＿＿＿＿＿＿＿＿　印
生年月日：＿＿＿ 年 ＿＿ 月 ＿＿ 日	職業(資格)：＿＿＿＿＿＿＿＿＿＿＿
	連　絡　先：＿＿＿＿＿＿＿＿＿＿＿
	本人との関係：＿＿＿＿＿＿＿＿＿＿

1　本人の生活場所について
　□　自宅　（自宅での福祉サービスの利用　□　あり　□　なし）
　□　施設・病院
　　　→　施設・病院の名称 ＿＿＿＿＿＿＿＿＿＿＿＿＿＿＿＿＿
　　　　　　住所 ＿＿＿＿＿＿＿＿＿＿＿＿＿＿＿＿＿＿＿＿＿＿

2　福祉に関する認定の有無等について
　□　介護認定　（認定日：　　　　年　　　　月）
　　　□　要支援（1・2）　□　要介護（1・2・3・4・5）
　　　□　非該当
　□　障害支援区分（認定日：　　　　年　　　　月）
　　　□　区分（1・2・3・4・5・6）　　□　非該当
　□　療育手帳・愛の手帳など　　（手帳の名称　　　　　　　）（判定　　　　　）
　□　精神障害者保健福祉手帳　　（1・2・3　級）

3　本人の日常・社会生活の状況について
　(1) 身体機能・生活機能について
　　　□　支援の必要はない　　□　一部について支援が必要　　□　全面的に支援が必要
　　　（今後，支援等に関する体制の変更や追加的対応が必要な場合は，その内容等）

　(2) 認知機能について
　　　日によって変動することがあるか：□　あり　□　なし
　　　（※　ありの場合は，良い状態を念頭に以下のアからエまでチェックしてください。
　　　　　エの項目は裏面にあります。）
　　　ア　日常的な行為に関する意思の伝達について
　　　　　□　意思を他者に伝達できる　　□　伝達できない場合がある
　　　　　□　ほとんど伝達できない　　　□　できない
　　　イ　日常的な行為に関する理解について
　　　　　□　理解できる　　　　　　　　□　理解できない場合がある
　　　　　□　ほとんど理解できない　　　□　理解できない
　　　ウ　日常的な行為に関する短期的な記憶について
　　　　　□　記憶できる　　　　　　　　□　記憶していない場合がある
　　　　　□　ほとんど記憶できない　　　□　記憶できない

　　　エ　本人が家族等を認識できているかについて
　　　　　□　正しく認識している　　　　　□　認識できていないところがある
　　　　　□　ほとんど認識できていない　　□　認識できていない

(3) 日常・社会生活上支障となる精神・行動障害について
　　　□　支障となる行動はない　　　　　　□　支障となる行動はほとんどない
　　　□　支障となる行動がときどきある　　□　支障となる行動がある
　　　（精神・行動障害に関して支援を必要とする場面があれば，その内容，頻度等）

（4）社会・地域との交流頻度について
　　　□　週1回以上　　　□　月1回以上　　　□　月1回未満

（5）日常の意思決定について
　　　□　できる　　　　□　特別な場合を除いてできる　　　□　日常的に困難　　　□　できない

（6）金銭の管理について
　　　□　本人が管理している　　　□　親族又は第三者の支援を受けて本人が管理している
　　　□　親族又は第三者が管理している
　　　（支援（管理）を受けている場合には，その内容・支援者（管理者）の氏名等）

4　本人にとって重要な意思決定が必要となる日常・社会生活上の課題
　　（※　課題については，現に生じているものに加え，今後生じ得る課題も記載してください。）

5　家庭裁判所に成年後見制度の利用について申立てをすることに関する本人の認識
　　□　申立てをすることを説明しており，知っている。
　　□　申立てをすることを説明したが，理解できていない。
　　□　申立てをすることを説明しておらず，知らない。
　　□　その他
　　　（上記チェックボックスを選択した理由や背景事情等）

6　本人にとって望ましいと考えられる日常・社会生活上の課題への対応策
　　（※御意見があれば記載してください。）

3 本人情報シート記載ガイドライン

表面

※ シートに記載しきれない場合は，別紙をつけていただくことも可能です。

本人情報シート（成年後見制度用）

※ この書面は，本人の判断能力等に関して医師が診断を行う際の補助資料として活用するとともに，家庭裁判所における審理のために提出していただくことを想定しています。
※ この書面は，本人を支える福祉関係者の方によって作成されることを想定しています。
※ 本人情報シートの内容についてさらに確認したい点がある場合には，医師や家庭裁判所から問合せがされることもあります。

作成日 _____ 年 ____ 月 ____ 日

本人	作成者
氏　名：_____	氏　名：_____ 印
生年月日：____ 年 ____ 月 ____ 日	職業（資格）：_____
	連　絡　先：_____
	本人との関係：_____

1　本人の生活場所について
- □ 自宅　（自宅での福祉サービスの利用　□ あり　□ なし）
- □ 施設・病院

→ 施設・病院の名称 _____

住所 _____

2　福祉に関する認定の有無等について
- □ 介護認定　（認定日：　　年　　　月）
  - □ 要支援（1・2）　□ 要介護（1・2・3・4・5）
  - □ 非該当
- □ 障害支援区分（認定日：　　年　　　月）
  - □ 区分（1・2・3・4・5・6）　　　□ 非該当
- □ 療育手帳・愛の手帳など　（手帳の名称　　　　　　　）（判定　　　　）
- □ 精神障害者保健福祉手帳　　（1・2・3 級）

3　本人の日常・社会生活の状況について
(1) 身体機能・生活機能について
- □ 支援の必要はない　　□ 一部について支援が必要　　□ 全面的に支援が必要
- （今後，支援等に関する体制の変更や追加的対応が必要な場合は，その内容等）

[　　　　　　　　　　　　　　　　　　　　　　　　　　　　　　　　]

(2) 認知機能について
日によって変動することがあるか：□ あり　□ なし
（※ ありの場合は，良い状態を念頭に以下のアからエまでチェックしてください。
　エの項目は裏面にあります。）

ア　日常的な行為に関する意思の伝達について
- □ 意思を他者に伝達できる　　□ 伝達できない場合がある
- □ ほとんど伝達できない　　□ できない

イ　日常的な行為に関する理解について
- □ 理解できる　　□ 理解できない場合がある
- □ ほとんど理解できない　　□ 理解できない

ウ　日常的な行為に関する短期的な記憶について
- □ 記憶できる　　□ 記憶していない場合がある
- □ ほとんど記憶できない　　□ 記憶できない

○ 本人情報シートの作成者が親族等の第三者に「本人情報シート」による個人情報の提供を行う場合は，個人情報保護の観点から，本人の同意を得るなど，作成者において適用される法令に沿った情報の取扱いを行うよう留意していただく必要があります。

---

1 本人の生活場所について

○ 現在，本人が自宅で生活しているか，施設（グループホーム，サービス付住宅を含む。）又は病院で生活しているかをチェックしてください。施設又は病院で生活している場合は，施設又は病院の名称・住所も記載してください。
○ 自宅での福祉サービスの利用については，訪問介護のほか，デイサービス，ショートステイなどを利用しているときは，「あり」にチェックしてください。

---

2 福祉に関する認定の有無等について

○ シートに記載されている認定を受けている場合には，該当欄にチェックしてください。
○ 認定日欄には，最終判定年月を記載してください。

---

3 本人の日常・社会生活の状況について

(1) 身体機能・生活機能について
○ 食事，入浴，着替え，移動等の日常生活に関する支援の要否を記載してください。なお，自宅改修や福祉器具等を利用することで他者の支援なく日常生活を営むことができている場合には，「支援の必要はない」にチェックしてください。
○ 現在の支援体制が不十分な場合等で，今後，支援の方法，内容等を変更する必要がある場合には，その内容を自由記載欄に簡潔に記載してください。

(2) 認知機能について
○ ア〜エの各項目について，該当する欄にチェックを入れてください。なお，本人の状態に変動がある場合には，良い状態を念頭にチェックしていただき，状態が良くない場合で支援を必要とする場面については(3)に記載してください。
○ ここでいう「日常的な行為」とは，食事，入浴等の日課や来訪する福祉サービス提供者への対応など，概ね本人の生活環境の中で行われるものが想定されています。ア〜エの各項目についての選択基準は，以下のとおりです。

・ アについて
□ 意思を他者に伝達できる → 日常生活上問題ない程度に自らの意思を伝達できる場合
□ 伝達できない場合がある → 正確な意思を伝えることができずに日常生活上問題が生じる場合
□ ほとんど伝達できない → ごく単純な意思（空腹である，眠いなど）は伝えることはできるものの，それ以外の意思については伝えることができない場合
□ できない → ごく単純な意思も伝達できないとき
(※ 発語面で障害があっても，非言語的手段で意思が伝達できる場合には，「伝達できる」とする。)

・ イについて
□ 理解できる → 起床・就寝の時刻や，食事の内容等について回答することができる場合
□ 理解できない場合がある → 上記の点について，回答できるときとできないときがある場合
□ ほとんど理解できない → 上記の点について，回答できないときが多い場合
□ 理解できない → 上記の点について，基本的に回答することができない場合

・ ウについて
□ 記憶できる → 直前にしていたことや示したものなどを正しく回答できる場合
□ 記憶していない場合がある → 上記の点について，回答できるときとできないときがある場合
□ ほとんど記憶できない → 上記の点について，回答できないときが多い場合
□ 記憶できない → 上記の点について，基本的に回答することができない場合

エ　本人が家族等を認識できているかについて
　　□　正しく認識している　　　□　認識できていないところがある
　　□　ほとんど認識できていない　□　認識できていない

(3) 日常・社会生活上支障となる精神・行動障害について
　　□　支障となる行動はない　　　□　支障となる行動はほとんどない
　　□　支障となる行動がときどきある　　□　支障となる行動がある
　　（精神・行動障害に関して支援を必要とする場面があれば，その内容，頻度等）

(4) 社会・地域との交流頻度について
　　□　週１回以上　　　□　月１回以上　　　□　月１回未満

(5) 日常の意思決定について
　　□　できる　　　□　特別な場合を除いてできる　　□　日常的に困難　　□　できない

(6) 金銭の管理について
　　□　本人が管理している　　　□　親族又は第三者の支援を受けて本人が管理している
　　□　親族又は第三者が管理している
　　（支援（管理）を受けている場合には，その内容・支援者（管理者）の氏名等）

4　本人にとって重要な意思決定が必要となる日常・社会生活上の課題
　　（※　課題については，現に生じているものに加え，今後生じ得る課題も記載してください。）

5　家庭裁判所に成年後見制度の利用について申立てをすることに関する本人の認識
　　□　申立てをすることを説明しており，知っている。
　　□　申立てをすることを説明したが，理解できていない。
　　□　申立てをすることを説明しておらず，知らない。
　　□　その他
　　　（上記チェックボックスを選択した理由や背景事情等）

6　本人にとって望ましいと考えられる日常・社会生活上の課題への対応策
　　（※御意見があれば記載してください。）

- ・ エについて
  - □ 正しく認識している → 日常的に顔を合わせていない家族又は友人等についても，会えば正しく認識できる。
  - □ 認識できていないところがある → 日常的に顔を合わせている家族又は友人等は基本的に認識できるが，それ以外は難しい。
  - □ ほとんど認識できていない → 日常的に顔を合わせている家族又は友人等と会っても，認識できないことが多い。
  - □ 認識できていない → 日常的に顔を合わせている家族又は友人・知人と会っても，基本的に認識できない。

(3) 日常・社会生活上支障となる精神・行動障害について
  ○ 精神・行動障害とは，社会生活上，場面や目的からみて不適当な行動をいいます。このような行動の頻度に応じて，該当する欄にチェックを入れてください。
  ○ また，そのような精神・行動障害があり，社会生活上，一定の支援を必要とする場合には，その行動の具体的な内容や頻度について自由記載欄に記入してください。また，必要とされる支援方法等についても，分かる範囲で記載してください。

(4) 社会・地域との交流頻度について
  ○ 本人が日常的にどの程度，社会・地域との接点を有しているのかを確認する項目です。介護サービスの利用，買い物，趣味活動等によって社会・地域と交流する頻度を記入してください。
  ○ なお，身体的な障害等により，外出は困難ではあるものの，家族や友人の来訪など，自宅等で関係者と社会的接点を持った活動をしている場合には，それも含めて回数を回答してください。

(5) 日常の意思決定について
  ○ 日常の意思決定とは，毎日の暮らしにおける活動に関して意思決定できる能力をいいます。項目についての選択基準は，以下のとおりです。なお，特定の事項あるいは場面において本人の意思決定に支障が生じるといった事情があるときは，4項に記載してください。
    □ できる → 毎日の暮らしにおける活動に関して，あらゆる場面で意思決定できる。
    □ 特別な場合を除いてできる → テレビ番組や献立，服の選択等については意思決定できるが，治療方針等や居住環境の変更の決定は指示・支援を必要とする。
    □ 日常的に困難 → テレビ番組や献立，服の選択等についてであれば意思決定できることがある。
    □ できない → 意思決定が全くできない，あるいは意思決定できるかどうか分からない。

(6) 金銭の管理について
  ○ 金銭の管理とは，所持金の支出入の把握，管理，計算等を指します。項目についての選択基準は，以下のとおりです。
    □ 本人が管理している → 多額の財産や有価証券等についても，本人が全て管理している場合
    □ 親族又は第三者の支援を受けて本人が管理している → 通帳を預かってもらいながら，本人が自らの生活費等を管理している場合
    □ 親族又は第三者が管理している → 本人の日々の生活費も含めて，第三者等が支払等をして管理している場合

4 本人にとって重要な意思決定が必要となる日常・社会生活上の課題
  ○ 現在または今後，本人が直面する生活上の課題を記載してください（例えば，介護・支援体制の変更の検討や，訴訟，遺産分割等の手続に関する検討などがこれに当たります。）。

5 家庭裁判所に成年後見制度の利用について申立てをすることに関する本人の認識
  ○ 成年後見制度の利用について本人に説明した際の利用に関する本人の認識（知っている，知らない，理解できない）を記載してください。
  ○ 上記チェックボックスを選択した理由や，本人が制度利用に反対しているなどの背景事情がある場合には，分かる範囲で記載してください。

6 本人にとって望ましいと考えられる日常・社会生活上の課題への対応策
  ○ 成年後見制度の利用によって，日常・社会生活上の課題にどのように対応していくことが望ましいのかについて，御意見があれば記載してください。

5 利用者や家族への説明時のポイント

　これまでの知識をふまえて、高齢者本人や家族への説明の仕方やポイントを知りましょう。あなたは、ケアマネジャーとして、なぜ後見人等が必要と考えたのでしょうか？

　いろいろな問題を抱え始めてきた高齢者本人の在宅生活を、これからもしっかりと支えていきたい。しかし安全や安心という面では、自分の支援だけでは十分でないと気付き、その人なりの生活と権利を少しでも大事に守りたいという思いから、後見人等からの支援を考えたはずです。

　それならば、ケアマネジャーとしての視点・思いを、はっきりと高齢者本人や家族に伝えましょう。

　難しい言葉をできるだけ使わず、「ケアマネジャーとして自分もしっかり関わっていくが、大切な金銭の管理や大事な手続きなどについては、一生添う形で立場を守ってくれる人を、今の時点で付けた方が良い」こと、「それによって安心や安全が図られ、今の生活を自分と一緒に守っていける期間が長くなる」ことなどを伝えるのです。

＜制度説明時のポイント＞
ポイント１：一生添う形の支援者を決めてもらえる
　家族の適切な支援を得られにくい高齢者は、たくさんいます。ケアマネジャーでさえも、組織や個人の都合で担当が代わってしまうこともあります。

　そのような状況の中で、社会的に信頼でき、生涯を通して支援し続けてくれるキーパーソン（＝成年後見人等）を得ることは、大変有意義であると伝えましょう。生活支援のプロであるケアマネジャーには、後見人の重要性がよく理解できると思います。

ポイント２：お金の管理だけでなく、医療や介護サービス、今後の生活の場所などについても、高齢者本人の立場に立って、本人の利益だけを考えて動いてもらえる

　家族の適切な支援を得られればラッキーなのですが、現実にはそうでないことも多く、家族には家族としての立場と都合があり、高齢者本人よりも家族側の都合が優先されてしまうこともあります。

　家族ではない第三者後見人であれば、何よりも高齢者本人の利益を優先します。良い後見人等が付くと、高齢者本人の生活の質を良くすることに意識を持って関わってもらえるでしょう。

　また、例えば利用料等の高い有料老人ホームに入所したとしても、常に優良なケアを受けられるとは限りません。成年後見人等が付けば、高齢者本人側の立場で介護サービスの内容についてチェックをかけてもらうこともできます。

ポイント３：裁判所という権威ある機関のバックアップを受けられるだけでなく、裁判所が信用のある人のリストから責任を持って後見人を選び、監督してくれる

　成年後見人等の報酬は、家庭裁判所が高齢者本人の持っている資産の範囲内で決めてくれます。そのため、成年後見人等が財布を預かっているからといって、勝手に報酬額を決めるようなことはありません。また、申立ての費用は約 15,000 円で、申立人の自己負担となります。

　裁判所は、毎年少なくとも一度は、使ったお金や収支などのチェックをして、不正がないかを確認してくれることになっています。

　成年後見人等の不正について、テレビ等で報道されたこともありましたが、多くの成年後見人等は、高齢者本人にとっての利益を第一に考えて支援しています。また、高齢者は不利益のあることが行われていても、判断力が十分でないために理解も指摘もできず苦情や訴訟もできないことを考えると、家庭裁判所への報告等が義務付けられていることは、不正行為が露見し、是正され得るためには必要なものだと考えられます。

　ここまで本書を読み進めてきた読者のみなさんなら、成年後見制度は介護保険等を使って、その人らしさを大切にしながら地域社会の中で暮らしてい

くのに有効な制度だと気付いたはずです。「成年後見制度って、本人のお金や通帳を取り上げることでしょう？」と、結果だけを抜き出した偏った見方による生半可な理解であったら、成年後見制度の説明は難しく、また、高齢者本人の納得も得られないことでしょう。

　しかし、**この制度で支えたいのは、高齢者の人生と生活です。**

　それを考えれば、現状を一番良く知っており、そして高齢者本人から頼りにされているであろうケアマネジャーに、高齢者本人としっかりと向き合い、その安心安全な生活と人生のため、必要なことを明確に伝えてもらうことが、どんなに力になることか。それを思い起こし、自信を持ってもらいたいと思います。

　成年後見制度利用促進法は難しい法律なので、説明は法律家にしてもらう方がいい、とケアマネジャーや福祉関係者が思っている限り、本当にこの制度を必要とする認知症高齢者等は、なかなかこの制度を使えません。

　制度を利用できず、ネグレクトで医療や介護サービスに結びつかなかったり、虐待にあっても支援ができないままだったりすることもあります。

　筆者も、熱心なケアマネジャーさんの気付きと口添え、協力があったからこそ、保佐人や補助人・後見人等として関わることができ、在宅の高齢者を支えることができた事例をたくさん経験しています。

　ケアマネジャーとして、この人の今後が心配だと思いながら、何もしないまま担当を外れてしまった……と、相談されることもあります。

　今、ケアマネジャーとしての気付きとつなぎで、できることはしておきたいものです。

成年後見人等の役割と身上監護を理解しよう

1 成年後見人等の役割と仕事

　高齢者本人にとって、そしてケアマネジャーにとって、成年後見人等はどういう役割を持ち、どのように関わり、どんなことをしてくれるのでしょうか？まず、役割の基本を確認しましょう。

＜成年後見人等の役割とは？＞

☐成年後見人等は高齢者本人の意思を尊重し、かつ本人の心身の状態や生活状況に配慮しながら、本人だけでは困難な法律行為（財産管理や必要な契約を結ぶなど）を通して、支援・保護します。

☐高齢者本人の財産を適切に維持し管理する義務を負っています。

☐成年後見人等の仕事は、高齢者本人の財産管理や契約等の法律行為に関するものに限られており、食事の世話や実際の介護などは、一般に成年後見人等の仕事ではありません。

☐高齢者本人と成年後見人等が親族関係である場合でも、「他人の財産を預かって管理している」という意識を持って、成年後見人等の仕事に取り組むことが大切です。

☐高齢者本人の財産を投機的に運用することや、親族に対する贈与や貸付けも、原則として認められていません。

＜成年後見人等には、どんな人が選ばれる？＞

□ 2018年に受任した成年後見人等の約8割（裁判所資料では約76.8％）が第三者後見人で、親族等は約2割（約23.2％）となっています（⇒本書58頁　**Ｑ9.** 参照）。

□ 後見人等となった人が、かたや弁護士、かたや市民後見人だからといって、後見人等としての役割に違いがあるわけではありません。

□ 家庭裁判所が、提出されている名簿から申立書に基づき、最も適任だと思われる人を選任します。高齢者本人が必要とする支援の内容等によっては、申立ての際に挙げられた候補者以外(弁護士、司法書士、社会福祉士、税理士等の専門職、法律又は福祉に関わる法人等)を選任することもあります。

□ 高齢者本人に対して訴訟をしたことがある、破産者である、以前に成年後見人を辞めさせられたことがあるなど、一定の事由がある人は、成年後見人となることができません。

※ 成年後見人から請求があった場合、家庭裁判所の判断により、高齢者本人の財産から報酬が支払われることになります。

＜成年後見人の仕事って、どういうもの？＞

□ 成年後見人等の職務は、改正前の法律では財産管理が中心で、生活や身上面に関しては「療養看護」の規定のみでした。しかし、現在の法律では「生活」の文言を追加して「生活、療養看護」（＝身上監護）と規定しており、これが大きな特徴となっています。

□ 身上監護は高齢者本人の「意思を尊重」し、「心身の状態及び生活の状況に配慮」することが必要となります。これらをきちんと考慮できる後見人は誰なのかを考えることが重要です。

> **【民法 858 条　身上配慮義務】**
> 成年後見人は、成年被後見人の生活、療養看護及び財産の管理に関する
> 事務を行うに当たっては、成年被後見人の意思を尊重し、かつ、その心
> 身の状態及び生活の状況に配慮しなければならない。

　上記に挙げた民法の条文は、成年後見人の身上配慮義務といわれるものです。成年後見人等がその職務を行い、役割を果たすに当たって、高齢者本人の「意思の尊重」（意思尊重義務）と高齢者本人の「心身の状態及び生活の状況に配慮する義務」（身上配慮義務）という２つの義務を明記しています。

　この２つの義務は一体的なものです。常に高齢者本人の意思と状況を把握するための義務（本人との定期的な面談や関係者からの情報収集）とその状況に適切に対応する義務（本人意思の具現化と状況に応じた対応策の立案・実行）といえます。

　つまり、法定後見人等は身上配慮義務（民法 858 条）に従って、高齢者本人の心身の状態及び生活の状況を配慮しながら、本人の支援を行うことが仕事です。

　ここから読み取れる通り、高齢者本人側に立って権限行使（金銭的な権限を含む）を手伝うという違いはありますが、成年後見人等の身上監護は、ケアマネジャーが日々行っているものと、とても近い関係にある職務です。高齢者本人の立場に立って、必要なサービスの手配といった契約行為や提供されているサービスについてのチェックを行い（「身上監護」）、本人の財産を適切に管理し（「財産管理」）、最適な介護サービスを使って高齢者を支えます。

①　仕事の始まり

・審判確定後、法定後見人等は「登記事項証明書」をまず取得します。これは後見人の仕事をするための身分証明書のようなものです。この「登記事項証明書」を金融機関に示して、高齢者本人の財産を調査します。

・高齢者本人の意思を尊重し、本人にふさわしい心身の状態及び生活の状況を配慮して今後の計画と年間の収支予定を立てます。

・財産目録と収支予定表を1カ月以内に家庭裁判所に提出します。

② 財産管理

高齢者本人の資産や負債、収入・支出を把握し、管理をします。

例えば

□預貯金通帳・有価証券等の管理

□収入（年金・給与等）支出（公共料金・税金等）の管理

□不動産の売買契約や賃貸借契約

□遺産分割の手続き

□取消権の行使（訪問販売や通信販売等で高齢者本人に不利益になるような不要な契約の取消し）

③ 身上監護

高齢者本人の住居・治療・療養・介護等の生活全般に配慮し、契約等を行います。

例えば

□住居の確保に関する契約、費用の支払

□入退院の手続き、医療費の支払

□施設の入退所契約

□介護保険等福祉サービスの利用手続き、契約、処遇の見守り

④ 家庭裁判所への報告

財産管理及び身上監護の内容を記録し、家庭裁判所に定期的に報告します。

注意

以下については、高齢者本人に重大な影響を与える可能性もあるため、成年後見人等が勝手に決めるのではなく、事前に家庭裁判所の許可が必要となる行為とされています。

□高齢者本人の居住用不動産の売却・賃貸・抵当権の設定・賃貸借契約の解除

→「居住用不動産処分の許可の申立て」

□高齢者本人と成年後見人等との間において利益が相反する場合

　→「特別代理人選任の申立て」

□成年後見人等が高齢者本人の財産から一定の報酬をもらう場合

　→「報酬付与の申立て」

＜成年後見人等の仕事に含まれないことは？＞

> □葬祭・相続手続き（火葬・埋葬に関しては、親族等がいない等の特別
> 　な事情がある時に限り後見人に権限があります）
> □入院・入所の際の身元保証人、身元引受人
> □手術や延命治療、臓器提供についての同意
> □遺言・養子縁組・子の認知等本人の意思が必要な行為
> □買物や食事の支度などの家事や身体介護等の事実行為

　上記を見て、「死後の葬祭や身元引受人、医療同意の問題等の関わりこそ、成年後見人等にやってもらえると思っていたのに」と、がっかりするケアマネジャーは多いかもしれません。

　成年後見人等は、法的な権限の面で高齢者本人とほぼイコールの立場になります。自分で自分の身元保証人になるのはおかしな話ですし、高齢者本人が亡くなってしまえば成年後見人等の権限も無くなるとの考えから、身元引受人や死後の事務処理などは成年後見人等の仕事に含まれないとされていました。

　しかし、実際には身寄りをあてにできない人に成年後見人等が付くことも多く、死後の事務に関して成年後見人等が関わらざるを得ない実態があったため、2016年10月13日に施行された民法の改正により、成年後見人等も死後の事務に関わることができるようになりました。

　また、成年後見人等は身元保証人・身元引受人にはなりませんが、管理している高齢者本人の財産を計画的に使って、適切にサービスが提供されるよ

うにしていくことが職務であるため、「身元保証人」と捉えられる場合があります。施設等事業者が遺体引き取りのことを心配している場合もあり、身寄りをあてにできない例では、成年後見人等が実質的に関わらざるを得ない場合も多いです。施設入所の際に成年後見人等がいることを条件にして、そうした役割を求める施設等が増えていることも、ケアマネジャーとして知っておいてください。

生命に関わるような手術の同意や麻酔の注射への同意（医的侵襲行為）などについては、現在の法律では成年後見人等にも同意権限はありません。しかし、医師の説明を高齢者本人と一緒に聞いたり、本人の自己決定を支援したり、本人の医療についての意思表示を医師に伝えたりといった、適切な医療が提供されるための支援を行うことは、現時点でもできます。さらに今後は、身寄りをあてにできない場合などに、成年後見人等が医的侵襲行為への同意をできるようにする検討も始まります。

また、結婚・離婚、養子縁組、臓器移植等、高齢者本人の意思に基づいて本人しか決める権利がない事項（一身専属事項）も、成年後見人等に決定する権限はありません。

なお、実際にケアを提供する「事実行為」（例えば食事を作るなど）をすることは、成年後見人等の職務でないと考えられています。排せつ介助を成年後見人等自らが行うのではなく、高齢者本人に排せつ介助が提供されるよう、ケアマネジャーと相談しながら介護保険サービスを選択・決定・契約することが成年後見人等の職務です。そのサービス内容が高齢者本人に合っているか、契約を結んだ事業者が確実にサービスを行っているかなどをチェックし、サービスに対して支払を行うところまでが、成年後見人等の仕事内容となります。

成年後見人等の権限について、もう1つ注意が必要なことは、自宅の処分には裁判所の許可が必要であるということです。

現在は老人ホーム等に入居している場合でも、高齢者にとって、「帰ることのできる自宅」がなくなることへの影響は大きいものであると予想され

す。それを考えると、高齢者の自宅の処分に関して、成年後見人等が独断で決められるものではありません。裁判所に対して、自宅を処分する必要性や根拠を明確に示すことができて初めて、許可を得られるものです。後見制度の重要な視点として、理解しておきましょう。

　最後に、例えば買い物や食事の支度、介護等について、成年後見人等が「してはいけない」ということではなく、成年後見人等の本来の職務ではないのだという理解をしましょう。ケアマネジャー等とともに必要なサービスを手配・契約し、その支払をすることこそが成年後見人等の仕事です。

　そうして役割を明確化することで、ケアマネジャーとしては、成年後見人等に安心してサービスを紹介することができ、調整や契約・確認をしてもらうことができるのです。

2　身上監護とは

　成年後見人等の仕事とされる、身上監護とは何でしょうか？

　成年後見人等は介護保険サービス等を選択・決定・契約することで、高齢者本人が自分らしく生活することを支え、提供されるサービス等が適切かどうかをチェックしながら、高齢者本人の人生の最期まで生活の配慮をしていきます。これが成年後見人等の「身上監護」です。

　しかし前項で説明したように、成年後見人等の職務は、実際に買い物をしたり食事を作ったりするようなケアを提供する「事実行為」は含まれていません。そうなると、ケアマネジャーの仕事との違いはなんだろうと思う方もいることでしょう。

身上監護とは

> ケアが適切に行われるよう、高齢者本人から預かった金銭の状況を把握した上で、提供するケアの手配・契約・確認・変更等をする法律行為です。洗濯などの事実行為は含まれません。

＜ケアマネジャーとの違いは？＞

ａ．立ち位置の違い

　　成年後見人等は、サービス提供者側のことを考えたり調整したりする必要はありません。あくまでも高齢者本人の側に立ち、本人の気持ちや利益を最大限に考えます。

ｂ．契約をする法的な権限の問題

　　高齢者本人の意思形成や実現の程度によりますが、成年後見人等は家庭裁判所に認められた上で、最終的に本人の法的権限を代理することもできます。

ｃ．本人に携わる範囲と時間の長さ

　　決められた範囲内ではありますが、成年後見人等は介護保険制度の枠組みにとらわれることなく、高齢者本人の生活の多岐にわたって関わることとなります。また、成年後見人等の勝手な都合で辞任することはできず、基本的には高齢者本人と生涯を伴走することとなります。

＜何をどのようにするの？＞

　簡単にいえば、身上監護は高齢者本人の心身や生活に関することの Plan（プラン）・Do（ドゥー）・Check（チェック）、そして Action（アクション）の繰り返しです。

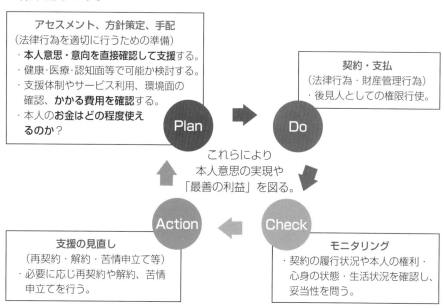

① **Plan（本人意思決定支援、心身の状態・生活状況により方向性・方針を決める段階）**

・ケアマネジャーと同様に、成年後見人等も高齢者本人の意思や意向を確認します。これは人頼みにせず、成年後見人等自らがしなければならないことです。例えば、退院後の生活について、在宅生活で良いのか、グループホーム等への入居が必要かなどを考えていきます。

・その際、高齢者本人が自分の人生について、きちんと理解や納得をし、意思決定できるような支援が大変重要になります。高齢者の中には、自分の思い・希望・願いを人に伝えることをためらったり、遠慮したり、あるいは能力的に伝えることそのものが難しい人もいます。できるだけ、高齢者本人が当事者として意思を表明し、決められる状況を整えましょう。

・この意思決定支援に関しては、厚生労働省から「認知症の人の意思決定支援ガイドライン」（※）が出され、その周知・実施について通知も出されています。認知症が疑われる等があっても、高齢者本人の意思は尊重されるべきことは言うまでもありません。

※「認知症の人の日常生活・社会生活における意思決定支援ガイドライン」厚生労働省、2018年6月

・高齢者本人の意思を尊重するのはもちろんですが、医師のドクターストップのように、成年後見人等が高齢者本人の生命や生活の安全を優先した決定をしなければならない時もあります。できるだけ、本人の希望を尊重し実現しようと努めることが大切ですが、時には言いなりになるのではなく、その実現の可能性・有効性等について必要な情報収集を行い、精査していくことが成年後見人等に求められます。

・ケアマネジャーや医療関係者、場合によっては不動産会社や金融機関等の専門家の情報を確認し、冷静かつ客観的に、高齢者本人の状況と考え合わせます（アセスメント）。健康医療面や認知症による心身の能力的なことだけでなく、住まいなどの環境面も含めて生活実行上の課題の確認が必要です。

・課題が見えるのであれば、ケアマネジャー等の協力を得て、課題をクリアできる介護サービス等の資源や人材、ネットワーク等があるかを確認し、チームで解決を目指します。

・最終的な費用等については、成年後見人等が「高齢者本人の金銭で将来的に見ても大丈夫か」という検討を行います。リスクを事業者側が負うことにならないためにも、重要な過程です。

② **Do（成年後見人としての権限行使、財産管理行為・契約等の法律行為）**

・①のPlanによって、生命の安全や高齢者本人の意思決定支援、権利の尊重、本人にとっての利益が見込まれるという見通しをつけることができて、初めて実際の権限行使が行われることになります。この権限行使こそが、成年後見人等の役割としては最重要なものとなります。実際にサービス事業

者や民間の配食事業者と契約し、費用を支払っていきます。

・この段階で、例えば高齢者本人は在宅生活を希望していたのに、その意思に反してグループホームや施設入所の契約を行うといったような判断をしたのであれば、成年後見人等は「なぜそう判断したのか」を高齢者本人等に説明できる明確な根拠を持つ必要があるでしょう。

③ Check（法律行為の履行状況を確認し、評価し妥当性を問う）

・②の Do によって実行された「契約」が、実際に適切に行われているかということをモニタリングし、その評価をします。例えば介護サービス事業者等が契約通りに来て、きちんと仕事をしているかなどを確認します。この確認を通して、初めて利用料が支払われます。

・この段階では、いったん実行した契約等であっても、高齢者本人の心身の状態や生活状況への影響を見ながら、妥当性を検討することになります。例えば、在宅で生活できると思ったけれど、ケアマネジャーや高齢者本人の状況を確認した結果、本人の利益や危険性の面で問題があると考えられる場合には、契約等を解除して別の手段を考えることも必要です。

・高齢者本人のところへ「行って見守る」といった行為は、事実行為に当たるものです。しかし、法律行為として行った契約等の履行状況の確認や現在状況の妥当性の検討に不可欠な行為であるため、必要性は認められると考えられます。

・施設入居やサービスの利用については、ケアマネジャー等からの紹介を受けながら、慎重に判断する必要があります。契約相手である施設職員等に全て任せるのではなく、後見人等が高齢者本人の側に立って、本人の心身の状態や生活状況の確認をし、費用面でも問題がないかなどを確認することは、身上監護の面でとても重要なことです。

④ Action（見直しや変更、そして次の段階へつなぐ）

・③の Check で問題がなければ、成年後見人等はしばらくそのままの契約下で高齢者本人の心身の変化などを見守っていくことになります。ここで

も、ケアマネジャーからの適切な情報提供は重要な鍵となります。

・万が一、サービス事業者や介護施設において心身の状態に見合っていない介助が行われ、穏便な手段や話し合いで解決できない場合、成年後見人等の出番となります。苦情申立ての権利等の行使や解約をする必要がない場合も、高齢者本人の心身の状態の変化や医療の必要性等の問題に応じて、サービスを増やす、施設入所を考えるなど、契約等の変更を改めて考えます。

このように「成年被後見人の生活、療養看護及び財産の管理に関する事務を行うに当たっては、成年被後見人の意思を尊重し、かつ、その心身の状態及び生活の状況に配慮しなければならない」という身上監護の義務は、文字通り、忘れてはならない成年後見人等の行動規範とされています。

3 成年後見人等とケアマネジャーとの協働

成年後見人等が決まった後、ケアマネジャーとしてはどのように連携協力していくべきか、成年後見人等は何をどこまでやってくれるのか等、ケアマネジャーとの役割分担についても知っておきましょう。

＜成年後見人等との連携＞

成年後見人等に医療や介護サービス契約の代理権が付与されている場合は、ケアマネジャーとして、サービス事業者や医療福祉関係者、民生委員、ボランティア等の情報を参考に、高齢者本人がどのような日常を送っているかを成年後見人等に理解してもらえるようにしましょう。

人と社会をつなぐために
人として成年後見人等は関わり、
地域・関係者・社会資源をつなぐことができる

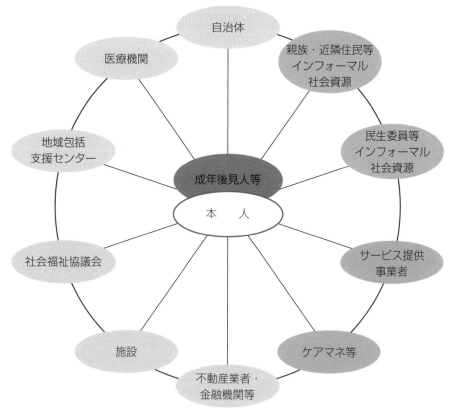

参考:『権利擁護と成年後見実践(第2版)』(社)日本社会福祉士会/編、
民事法研究会、2013年

① **サービス担当者会議を開き、高齢者本人を取り巻く支援者の役割と顔ぶ
れを成年後見人等にまずは理解してもらいましょう**

　いつでも必要に応じて情報をやり取りできるようにするためにも、お互い
を知っておきましょう。また、成年後見人等の役割を事業者等に直接説明し
てもらうことも大事です。

　成年後見人等はお金に関することでは高齢者本人以外で唯一の責任者です。基本的に、サービスや生活維持のための要望（暖房器具を入れ替えたい、通院のためにタクシーを利用したいなど）については、成年後見人等に相談し、判断をしてもらいます。成年後見人等が関わることによって、ケアマネジャーや事業者は積極的に提案をし、成年後見人等でお金の管理や最終的な判断について責任を持つという役割分担が生まれます。

②　できるだけ成年後見人等に連絡し、情報を伝えておきましょう

　定期的なケアプラン見直しの報告や事業者・契約内容の変更、成年後見人等の署名が必要な事項はもちろん、高齢者本人の体調変化などについてもしっかりと伝えます。

　特に体調や生活の変化や認知症の進行度合いなど、今後の生活の変化につながる入院や在宅生活に関する判断は、成年後見人等が責任を持つことです。したがって、病状などが悪化する前に、受診の必要性等の情報を伝えておき、不慮の事態となっても対応できるよう、成年後見人等が常々状況を把握できているようにすることが大切です。在宅生活をできるだけ維持したいとケアマネジャーが思っていても、その責任は成年後見人等が負わざるを得ません。そのことを理解した上で、「いざ」という時、的確に迅速に成年後見人等が対処できるように伝えておきましょう。成年後見人等にもチーム体制の一員であるという意識を持ってもらうことです。

　また、成年後見人等が高齢者本人の日常生活状況を一番良く知るケアマネジャーに、本人の将来についてなどの相談ができるよう、成年後見人等と日々の関係を持っておくことで、ケアマネジャーとしても将来の予測が立てられるようになります。

Step **3** あなたの疑問に答えるＱ＆Ａ

Q1. 成年後見制度は、多額の財産・資産を持つ人のための制度なのでしょうか？

A　いいえ。「判断能力の不十分な人が、その人らしい生活を継続するための制度」です。金銭管理だけでなく、契約を締結したり苦情を申し立てたりするなど、法的権利の行使を支援していきます。

　成年後見制度の基本理念は、以下の３つです。

・自己決定の尊重

・残存能力の活用

・ノーマライゼーション

　普段私達が当たり前にしている「自分のためにサービス等を選んで決めていくこと」を、判断能力が衰えた後もできるようにする支援が、成年後見制度です。選択・契約を前提とした介護保険制度の両輪となるべく、誕生しました。

　成年後見人等の仕事には、「身上監護」という難しい言葉で表される生活支援と「財産の管理・活用」の２つがあります。成年後見制度は、財産管理もできることによって、生活を支えることができる社会的支援であることに注目し、ケアマネジャーが使える制度の１つと考えると良いでしょう。

Q2. 成年後見制度は家庭裁判所に申立てをすることから始まるのですか？

A 法定後見は家庭裁判所への申立てから始まりますが、任意後見は公証役場で公正証書に任意後見契約をすることから始まります。

　法定後見制度 は、既に判断能力が不十分になってから利用する制度です。家庭裁判所に申立てを行い、家庭裁判所の審判で選任された後見人等が支援を行います。高齢者本人の判断能力の状態によって、補助・保佐・後見の3類型に分かれ、それぞれに認められている権限（できる支援の範囲）が違っています。

　任意後見制度 は、判断能力に衰えのない状態の人が、「判断能力が衰えた場合」に備えて、あらかじめ対応を決めておくものです。生涯独身だった方などが明確な判断ができるうちに、「判断能力が衰えた場合、誰に後見人をお願いしたいのか、どのようなことをお願いしたいのか」という契約を、将来任意後見人をお願いしたい人と公証役場で結び、公正証書とすることから始まります。

　法定後見制度と任意後見制度の具体的な活用イメージは、本書でもある程度理解していただけたと思いますが、公益社団法人成年後見センター・リーガルサポートのホームページを見てもイメージしやすいと思います。

　また、申立てに必要な書類は、裁判所のホームページからダウンロードすることができます。

○公益社団法人　成年後見センター・リーガルサポート

　https://www.legal-support.or.jp/

○東京家庭裁判所　後見サイト

　http://www.courts.go.jp/tokyo-f/saiban/kokensite/index.html

Q3. 成年後見制度には1カ月に報酬費用が20,000円〜50,000円も
かかるものなのですか？

A　いいえ。報酬費用は被後見人等の使える資産高によって家庭裁判所が
決めるもので、個人によって違います。

　なぜか弁護士50,000円、司法書士30,000円、社会福祉士20,000円という
報酬費用がかかるという話が信じられているようで、こういった質問をされ
ることも多いのですが、そのような「決まり」はありません。また、最高裁
判所ではこの報酬のあり方についても、2019年現在、高齢者本人のメリッ
トを反映できるように検討をし始めています。

　法定後見制度 では、支援を受ける高齢者本人（被後見人等）の経済状況
や収支の状態、さらに成年後見人等が行った支援の内容を家庭裁判所が総合
的に判断し、個別に報酬を決定しています。報酬は、成年後見人等が家庭裁
判所に報告の際、「報酬付与の申立て」を行い、審判によって決定されます
ので、通常は選任されてから1年後に成年後見人等としての報酬が決定され
ることとなります。

　任意後見制度 では、判断能力が衰える前に行った契約により、高齢者本
人と任意後見人候補者とで「お互いに合意した額」が、報酬となります。各
専門職団体では、報酬の目安を内規として定めていることもありますが、あ
くまで目安です。低所得の人でも任意後見契約を活用できるようにと、本人
が払える範囲で報酬費用を契約する事案もあります。

　決定した金額は、高齢者本人の資産から支出し、監督人や裁判所で後日確
認されることになります。

Q4. 法定後見の申立てには100,000円かかると聞いたのですが？

A　鑑定が必要か否か、鑑定にいくらかかるかによって違ってきます。

　鑑定が必要ない場合は、申立費用は収入印紙・登記印紙、郵便切手等合わ
せて10,000円程度です。一般的に補助人を付ける場合には、鑑定は必要あ

りません。また、保佐人を付ける場合は鑑定が必要となりますが、その必要がないと診断書等で認められれば必須ではありません。実際、後見人・保佐人を付ける場合で鑑定を実施したのは全体の約8.3%でした（裁判所資料より）。

　鑑定が必要な場合は、上記の費用に加えて鑑定費用がかかりますが、鑑定内容や医師・病院によって金額が違っているため、幅があります。全国的に50,000円が平均であり、かかりつけ医が鑑定をする場合はもう少し安くなるようです。

　また、法定後見の申立費用は申立人が支払う原則ですが、現在では、市町村長申立ての際や低所得者に対し、申立費用や報酬費用の助成を全国の市町村の約8割で**「成年後見制度利用支援事業」**として実施しています。勤務する地域でも実施されているか確認してみてください。

○診断書や鑑定書の作成：裁判所のホームページから詳しい解説や書式をダウンロードできます。

　http://www.courts.go.jp/saiban/syurui_kazi/kazi_09_02/

○任意後見契約の公正証書を作る費用：日本公証人連合会のホームページにある「公証事務　2任意後見契約」に分かりやすく書かれています。

　http://www.koshonin.gr.jp/business/b02/

Q5. 法定後見制度は、認知症の人でなければ使えないのでしょうか？

A　いいえ。法定後見制度は、「精神上の障害」があって判断能力が不十分となっている人が利用する制度です。よって、認知症でなければ利用できないわけではありません。

　法定後見制度について、民法では「精神上の障害により事理を弁識する能力」（民法第7条・第11条・第15条）を問題にしていることから、必ずしも「認知症でなければならない」ということはありません。実際に、精神障害や知的障害のある人も法定後見制度を利用しているほか、交通事故等で高次脳機能障害のある人が利用している例もあります。

　また、法定後見制度は、療育手帳や精神障害者福祉手帳のような「手帳」

を取得しているかどうかの確認を求められません。あくまでも申立て時に提出する診断書によって、家庭裁判所が制度の要否を判断することになります。

Q6. 法定後見は、審判が下るまで１年以上かかるのですか？

A　１年以上かかるケースも絶対にないとは言いませんが、極めて少数です。通常では、申立てから２カ月以内と考えておけば良いでしょう。

2018 年に最高裁判所が発表した「成年後見関係事件の概況―平成 30 年 1 月～ 12 月―」によると、審理期間について全体の約 77.2％が「２か月以内に終局」となっており、審理期間は短縮しているといえます。

虐待対応のケースですが、申立て時に成年後見人等活用の早急な必要性を調査官にしっかりと伝えた事例では、１日で審判が下ったということもありました。申立ての際の調査官とのやり取りは、重要であることが分かる事例です。市町村等の役所が申し立てる首長申立ての準備には、ある程度時間がかかる可能性が高いので、できれば早めに相談しておくことが必要です。

Q7. 成年後見登記制度とは何ですか？

A　法定後見制度や任意後見制度の利用の内容、成年後見人等の権限や任意後見契約の内容等を登記する制度です。

この登記情報を知ることで、介護サービス事業者や金融機関等が、判断能力の衰えた高齢者等とも安全に取引ができるほか、その成年後見人等が、どんなことについてどんな権限を持っているのかを知ることができます。

登記事項証明書 では、どのような内容の登記がされているかを知ることができます。例えば、介護サービスの提供契約等を結ぶ際に、事業者がこれを見ることによって、誰がどのような権限を持った成年後見人等であるのかを知ることができ、スムーズに契約することが可能になります。１通につき、収入印紙 550 円が費用としてかかります。

　<u>登記されていないことの証明書</u>は、成年後見制度を利用していないことを確認するために取得します。1通につき、収入印紙300円が費用としてかかります。

　上記の証明書は、全国50カ所の法務局の窓口で取得できます。返信用封筒と切手を同封すれば、郵便で取得できる法務局もあります。

　また、交付の申請ができる人は、本人・配偶者・4親等内の親族・成年後見人等です。取引又は契約をする相手だということを理由にした取得の請求はできません。

Q8. 成年後見制度利用支援事業とは何ですか?

A　低所得者でも成年後見制度が利用できるように、公費で申立費用や診断費用、場合によっては報酬に関しても自治体が肩代わりして支払う制度です。

　成年後見制度の利用が必要にもかかわらず、お金がなくて制度を利用することができない場合、市町村から必要な費用について補助を受けることができるようにと作られた制度です。

　介護保険サービスもしくは障害者福祉サービスを利用している、又は利用しようとしているが、助成を受けなければ成年後見制度を利用するのが金銭的に難しいと認められる人について、成年後見制度の申立てに要する経費(申立手数料、登記手数料、鑑定費用等)や成年後見人等の報酬の全部又は一部を出してもらえます。

　利用するためにはいくつかの条件があるので、まずは地域包括支援センターもしくは市町村の介護保険課や高齢福祉課に相談してみてください。

　自治体によってはこの制度のための要綱が作られておらず、予算も付けられていない場合があります。そういう場合は、自治体に助成の必要性を伝え、今後のためにも地域で予算が付くようにしてもらってください。これもケアマネジャーとしてできる、利用者のための権利擁護活動の一環です。

Q9. どんな人が成年後見人等に選ばれるのですか？

A 法定後見の場合は、基本的に家庭裁判所が最も適任だという人を選びますが、地域の後見中核機関の関与が望まれ始めています。

　申立ての際に家族を候補者にしていても、家庭裁判所が家族以外の第三者（弁護士、司法書士、社会福祉士等の専門職や市民後見人又は法人等）を選任することもあります。2018 年の最高裁判所が発表している統計を見ると、昨年に選任された成年後見人等のうち、親族は 2 割余りで、約 8 割が第三者後見人です。

　専門職としては上記の 3 士業のほか、税理士や行政書士、精神保健福祉士等も家庭裁判所によっては候補者名簿が受け付けられているため、選ばれることがあります。また、市民後見人や社会福祉協議会といった法人が選ばれることもあります。高齢者等本人の状況をふまえた適切な成年後見人等の選任のために、地域の後見中核機関の関与が望まれ始めています。

　なお、高齢者本人に対して訴訟を起こしたことがある、破産したことがある、以前に成年後見人等を辞めさせられたことがある、他の親族が成年後見人等に選ばれた親族に納得していないなど、一定の事由がある場合は、成年後見人等になることができません。

　任意後見人については、信頼して支援を依頼できるのは誰かということを判断能力があるうちに高齢者本人が考え、後見人候補者と十分に話し合ってから、公証役場で公正証書を作成することになります。

Q 10. 成年後見人等に任期はあるのですか？

A 基本的にはありません。

　通常は、高齢者本人が病気等から回復し判断能力を取り戻すか、本人が亡くなるまで、成年後見人等として責任を負うことになります。申立てのきっかけとなった当初の目的（例えば保険金の受領や遺産分割等）を果たしたら終わりというものではありません。

　認知症高齢者にとって、成年後見人等は自分を理解し権利を守ってくれる人であり、生涯を支えてくれるはずの人ですから、「担当が代わります」というように勝手に辞められるものではありません。成年後見人等を辞任するには、家庭裁判所の許可が必要となり、それも正当な事由がある場合に限られます。

　ただし、補助人は代理権が付与された特定の法律行為が完了するなどした場合、代理権や同意権を取り消す審判を申し立てることによって、その仕事を終えることもあります。

Q 11. この頃よく聞く「市民後見人」とは何ですか？

A 市民後見人とは、親族でも専門職でもなく、自治体の講座等を受講の上、社会貢献のために成年後見人等になろうとする人のことです。

　最高裁判所の統計上の定義では、「弁護士、司法書士、社会福祉士、税理士、行政書士及び精神保健福祉士以外の自然人のうち、本人と親族関係及び交友関係がなく、社会貢献のため、地方自治体等が行う後見人養成講座などにより成年後見制度に関する一定の知識や技術・態度を身に付けた上、他人の成年後見人等になることを希望している者を選任した場合をいう」となっています。地域の社会福祉協議会等が養成機関となり、そのバックアップを受けている人を、家庭裁判所が選任する場合が多いようです。

　市民後見人に関しては、厚生労働省が「今後、親族等による成年後見の困

難な者が増加するものと見込まれ、介護サービス利用契約の支援などを中心に、成年後見の担い手として市民の役割が強まると考えられる」として、地域での市民後見人の養成や活用を示唆したことから、広がりを見せ始めています。

市民後見人は、財産管理も行いますが、特に「身上監護」について期待が寄せられています。市民後見制度の利用を必要としている人の中には、身寄りがない、親族がいても何らかの理由で世話を頼めない、経済的に余裕がない、といったケースが多いのも実情です。市民後見人は、同じ地域の住民として高い志を持って意欲的に取り組んでいる人が多く、今後は地域での活躍も期待されています。

Q 12. 社会福祉協議会の日常生活自立支援事業と成年後見制度の違いは何ですか？

A 日常生活自立支援事業は、高齢者本人が契約内容を理解し、契約の当事者となることのできる人が使えるサービスです。

どちらの制度も、第三者が金銭的なやり取りに関わったり、介護サービスの利用契約に関わったりする公的な制度です。

日常生活自立支援事業は、判断能力の不十分な人に対し、地域で自立した生活が送れるよう福祉サービスの利用援助等を行うことを基本としています。社会福祉協議会等と高齢者本人の「契約」によってサービスが提供されるため、高齢者本人に自ら契約する能力が必要となります。これに対して法定後見制度は、高齢者本人に契約能力がなくとも、家庭裁判所の選任によって制度を利用することができます。

つまり、日常生活自立支援事業は、**高齢者本人の指示に従い、本人に代わって行う（＝代行する）**サービスであって、**本人の代わりに決めて手続きをする（＝代理をする）ことはできない**ということに注意が必要です。

高齢者本人に契約能力があるといっても、判断能力低下の認定は、実施要

領で定められた「契約締結判定ガイドライン」によって行われます。療育手帳や精神障害者保健福祉手帳の有無、医師による診断等は必要ありません。

また、日常生活自立支援事業の援助内容は、次の通りです。「書類や通帳を預かってくれる」というイメージが先行しているかもしれませんが、本来の事業の根幹は、「本人の自己決定を支援し、適切なサービスの選択・契約を支援していく福祉サービス利用援助事業」という部分にあります。

援助	具体的内容	
福祉サービスの利用援助	①福祉サービスを利用、または利用をやめるために必要な手続き ②苦情解決制度を利用する手続き ③住宅改造、居住家屋の貸借、日常生活での消費契約や住民票の届出等の行政手続きに関する援助、その他福祉サービスの適切な利用のために必要な一連の援助 ④福祉サービス利用料を支払う手続き	定期的な訪問による生活変化の察知（見守り）
日常的金銭管理サービス	①年金や福祉手当の受領に必要な手続き ②医療費を支払う手続き ③税金や社会保険料、公共料金を支払う手続き ④日用品等の代金を支払う手続き ⑤上記の支払に伴う預金の払戻、預金の解約、預金の預入の手続き	
書類等の預かりサービス	＜保管できる書類等＞ 年金証書、預貯金の通帳、権利証、契約書類、保険証書、実印、銀行印、その他実施主体が適当と認めた書類（カードを含む）	

出典：「2008年日常生活自立支援事業推進マニュアル」全国社会福祉協議会、2008年

（一部改変）

なお、この事業は在宅生活の維持を中心にしているため、施設入所や長期入院をしている場合は利用できないことが多いので、地域の社会福祉協議会に確認してみてください。

Q 13. ケアマネジャーが自分の利用者の成年後見人等になることはできるのでしょうか？

A　基本的にできません。

　ケアマネジャーは、高齢者のために介護保険制度のケアプランを作成し、連絡調整等で関わっていきます。職務を行っていくために、まずケアマネジャーとして高齢者本人を相手に契約を結びますが、その契約書においては、ケアマネジャーと高齢者本人が、それぞれ「サービスを提供する人とされる人」という関係で、対等にサインをすることとなります。

　それを考えると、ケアマネジャーであるあなたが高齢者本人に対してケアプランを作成して提示した後、今度は高齢者本人の立場に立つ成年後見人等として自分の作ったケアプランに同意してサインをするというのでは、チェック機能が発揮できないことになります。これを利益相反といいます。

　同じことは、介護施設長やグループホームの責任者等にもいえます。高齢者本人のために一生懸命ケアを提供している立場の人と、それをチェックし承認して利用料を支払う立場の人が同一人物では、それぞれの立場できちんと判断できなくなることも予想されます。

　成年後見人等はあくまで高齢者本人に寄り添う立場であることを確認し、ケアマネジャーとして上手に連携しましょう。

ケーススタディ編

Case 1 独居高齢者の在宅生活を支える
～成年後見の利用につなぐまで～

事例のポイント

- キーパーソンがいない、金銭管理が困難、消費者被害などへの対処
- ケアマネジャーとして、成年後見制度利用を勧めるタイミング
- 高齢者本人への説明の仕方
- 申立ての実際

事例の概要

山田川子さん（83歳）

- 要介護2
- 成年後見人等：なし。
- 家族：夫は既に死亡、子どもなし。

　山田さんは83歳の女性です。勤めていた小学校の教員を60歳で定年退職し、ほどなくして夫を亡くしました。子どももいなかったため、その後は一人暮らしとなっていますが、地域のNPO法人等で精力的に活動しています。

　79歳の時、家の中でじゅうたんにつまずいて転倒し、大腿骨を骨折してしまいました。手術は成功し、リハビリを頑張ったおかげで歩けるようにもなったのですが、この時の怪我で入院したことをきっかけに、物忘れが多くなってきました。

　ＮＰＯ法人の活動日を忘れてしまうことが増え、お金の管理もできなくなってきた山田さん。気を遣った仲間達は、山田さんを活動に誘う頻度を減らしてしまい、次第に山田さんの家を訪れる人も少なくなっています。

　本人はいつまでも今の生活を続けたいと希望しているのですが、身寄りのない一人暮らしに、担当のケアマネジャーは山田さんの今後を心配しています。

＜担当ケアマネジャーＡさんの話＞

　山田さんは、このところ何度も「通帳をどこに置いたか分からなくなってしまうのよ、ボケてきちゃったかしら」とケアマネジャーの私やヘルパーに相談をしてくるようになりました。

　先日私が訪問した際、山田さんに「通帳がなくなるのが何よりも心配なの。あなたなら信頼できる。お願い、預かってちょうだい！」と繰り返し訴えられ、つい断り切れず通帳を預かってしまいました。職場に帰って上司に報告し、叱られながらも事務所の金庫に預け入れてきましたが、気が気でありません。

　山田さんは骨折で入院した病院から退院する時、医療ソーシャルワーカーが私を紹介してくれたことが縁で、以来ずっと、ケアマネジャーとしていろいろ相談にも乗っています。信頼してもらえるのは嬉しいのですが……。

　高齢者本人の判断力が十分ではなく、本人自身も不安感が強いなどの場合、**日常生活自立支援事業**が使えます（⇒本書 60 頁　**Q 12.** 参照）。

　この事業は、判断力の不十分な人が自立した生活を送れるよう、地域の社会福祉協議会等が福祉サービスの利用援助等を行うものです。社会福祉法を根拠に、実施主体の都道府県・指定都市社会福祉協議会が、市町村社会福祉協議会等に業務委託をし、具体的なサービスを提供しています。提供されるサービスの中には、金銭管理に関わるものもあるので、積極的に利用すると良いでしょう。

　このサービスを利用できるのは、「判断能力が不十分」だけれども、「事業の契約の内容について判断し得る能力を有している」人（つまり、契約内容を理解できる人）です。「判断能力が不十分」かどうかの認定は、「契約締結判定ガイドライン」によって行われます。療育手帳や精神障害者保健福祉手帳の有無や、医師による診断は必要としないので、高齢者にも使いやすいといえるでしょう。

　利用料金は、各地の社会福祉協議会によって少し差が出ることもあります。生活保護を受けている人は、原則無料です。

ケアマネジャーの悩み

その① 金銭管理

　私の担当している方は、通帳や印鑑を自分で持っていることが、不安で仕方ないみたいです。こちらに隠したり、あちらに隠したりして、結局どこに置いたか分からない、なんていうことも。

　そのたびに「大変な心配事がある」と言って、ケアマネジャーの私を呼び出します。この前は「通帳を預かって」と泣き落としまでされました。

　確かに**通帳やお金の管理は大事**だけど、私がやるわけにはいかないですよね。

　「お金の問題に関しても、身近な地域の人間で支えられないものかしら」なんて、ケアマネジャーとしては考えがち。でも、お金に関することは責任も重く、あらぬ疑いを掛けられてしまうこともあるので、慎重になりましょう。

　独りで勝手に預からない！

　金銭関係のことは、関わらないようにすることが第一です。ケアマネジャーはもちろん、民生委員等も、他人のお金に関わることはできません。しかし、どうしても緊急的にお金を預かる必要があるなどの場合は、１対１で対応するのでなく、信頼のできる人に立ち会ってもらい、金銭のやり取りの記録も残し、できるだけ早く地域包括支援センターや後見センター等に相談してください。

　上司と相談したＡさんは、山田さんに「ケアマネジャーは通帳を預かることができないので、この町の社会福祉協議会というところの日常生活自立支援事業を契約してみるのはどうでしょう。通帳を預かってもらうこともできますし、２週間に１回、生活支援員さんに生活費を引き出して来てもらったり、ＡＴＭまで一緒にお金を引き出しに行ったりすることもできますよ」と提案しました。

　山田さんから了承を得たＡさんは、地域の社会福祉協議会の日常生活自立支援事業専門員に連絡。その後、訪問した担当者が山田さんにしっかりと説明し、無事に金銭管理サービスの契約をすることとなりました。通帳を預かってもらうのに月額1,000円、ＡＴＭまで一緒にお金を引き出しに行く際は１時間当たり1,500円かかることとなりましたが、山田さんは通帳が無くなる心配が減って安心したようです。

　通帳の預かり問題がいったん解決し、ホッとしたのもつかの間、数日後の暑い日にＡさんが訪問すると、リビングで山田さんが倒れていました。エアコンもつけず、窓は閉めたきり。部屋の温度は40℃くらいあるのではないかという状態でした。

　救急搬送の結果、診断は熱中症。医者は「一人暮らしはもう無理なのでは」と言いましたが、山田さんは「気を付けますから。頑張りますから。家がいいんです」と必死に訴えます。

　「それなら、もっと人の目が入ることが必要ですね。誰か親類はいないんですか？救急車で来たから引き受けましたが、普通は親戚か誰か、ちゃんと入院手続きをしてくれる人がいないと引き受けられませんよ。ケアマネジャーさん、よろしくお願いしますね」と医者に言われたＡさん。今後の見守りのためにも、訪問介護の回数を増やすことを提案し、山田さんも承諾しました。

　ところが契約の変更をする当日、思わぬことが……。

＜担当ケアマネジャーＡさんの話＞

　山田さんの訪問介護の回数を増やすため、ヘルパー同席の下、契約の変更をすることになりました。ところが当日、「私は今まで通りの回数で十分。これ以上は必要ないです！」と山田さんが怒り出してしまったのです。

　私が「病院の先生が『ヘルパーさんを増やしましょう』って話してましたよね。また入院になっちゃいますよ」となだめると、やっと思い出してくれたのか、「そうでしたね。分かりました」と言ってくれました。でも実際に契約書を書こうとすると、また最初から経緯を説明しないと納得してくれないという状況になりました。付きっきりで説明し、どうにか契約にこぎつけましたが、今後のことを考えると心配です。

解説

　金銭管理やサービス利用については、社会福祉協議会の日常生活自立支援事業を利用することで、どうにか目の前の問題は片付いたように思えました。しかし、認知症が進むと、高齢者自身の判断で、介護サービスの利用などの契約ができなくなっていきます。

　高齢者の生活リスクや責任の問題を考えると、これはケアマネジャーとしては決して見過ごせません。そしてこのタイミングこそ、成年後見制度の利用を考えるべき最大のポイントとなります。

　親族等がいない高齢者の場合、地域包括支援センターや地域の後見センターに成年後見の申立て等について相談し、これからの支援を考える必要があります。

その②　キーパーソンがいない

　私が支援している方のうち、3分の1は一人暮らしです。例えば入院とか、何かあった時には誰に相談すれば良いのかと、できるだけお子さんや親族の連絡先を聞いておくようにしているのですが、「頼れる人はいない」「連絡先は分からない」と言われてしまうことも。特に認知症の症状が出始めている人が相手だと、とても不安です。

　契約や金銭管理など、キーパーソンなしでは勝手に進められないことが多く、困ってしまいます。

　法的なキーパーソンは見つけられます！

　成年後見人等は法律上のキーパーソンになることができます。

　成年後見人等は、身寄りをあてにできない高齢者にも関わりますので、自己都合で勝手に辞めることはできません。つまり、高齢者が亡くなるまで、ずっと同じキーパーソンを得ることができます。成年後見制度最大のメリット、といえるかもしれません。

1カ月ほど経ったある日、山田さんの家に真新しい浄水器が取り付けてあったと、ヘルパーからの報告がありました。山田さんに事情を聞いたところ、「親切なお兄ちゃんが、体に良い水になりますよって勧めてくれたの」とのこと。

Aさんが訪問して確認してみたところ、ちゃぶ台の近くに5日前の日付が書かれた300,000円の領収書が置いてあるのを見つけました。

＜担当ケアマネジャーAさんの話＞

最近この地域で、品質の悪い浄水器を高額で売りつける悪質商法が増えているという情報をもらったばかりだったんです。

もしかしたら売りつけられたかと心配になったので、「山田さん、この浄水器、本当に必要ですか？」と聞いてみたら、「お兄ちゃんが説明してくれた時には欲しいと思ったんだけど、今考えると無駄だったかなあ」と言っていました。

確かクーリング・オフ制度を使えば、今なら返品できるはずだと思うのですが……。本人も返せるのなら返したい、と言っていますし、大丈夫ですよね？

解説

消費者被害については、まずケアマネジャーとしては普段からその地域の情報を得ておくことが大切です。そして怪しいと思ったら、消費生活センターや地域包括支援センターにできるだけ早く相談し、対応を考えましょう。

高齢者は相談する相手もいないまま、契約をしたりローンを組まされたりする場合もあります。同じことを繰り返さないためにも、地域での見守り体制が重要です。ただ、それだけでは、高齢者個々の生活は守れません。

いざという時の相談相手となり、契約の取消権も持つことができる成年後

見人等がいれば、こうした悪質商法から高齢者を守ることのできるケースもあります。リスクマネジメントの面からも、成年後見人等がいることはメリットのあることなのです。

その③　悪質商法の被害に

　私が担当する地域で、一人暮らしや日中独居の高齢者が、次々と消費者被害や悪質商法に遭ったことがあります。みなさん、いくぶん認知症が出てきたかなと思われる程度の方でしたが、健康やお金のこと、**それぞれの悩みや関心事にうまく付け込まれ**て高額商品を買わされていました。いち早く、ヘルパーや私が気付いたから良かったものの……。

　独居の高齢者等は狙われています！
　高齢者の消費者被害は増加しています。特に、認知症という診断は受けていないものの、判断に自信が持てない状態の一人暮らしや日中独居の高齢者が被害に遭いやすいです。
　相談する相手もいないまま契約をしてしまい、ローンを組まされるケースもあります。周囲による早期の気付きと対応が必要です。地域での見守り体制や成年後見人等の関わりが、ここでも重要になってきます。

事例のその後

　Aさんはその後すぐ、山田さんの目の前で消費生活センターに電話をし、訪問販売で契約した場合、法定書面を受け取った日から8日間はクーリング・オフができることを確認。契約解除の書面を書いて送るなど、早期に対応したことで、無事に山田さんのお金も戻ってきました。

　しかし、Aさんは今回の件で、山田さんの認知症がいよいよ進んできたことを実感しました。そこで職場の上司に相談し、成年後見制度の利用を提案してみることにしたのです。

＜担当ケアマネジャーAさんの話＞

　私自身がこれまで担当してきた中にも成年後見制度を利用していた方はいたのですが、成年後見制度の導入に最初から関わったことはありません。不安はありましたが、今後また悪質業者に狙われる危険があることや浄水器の件で契約解除のハガキを書くだけでも一苦労だったことから、山田さんには成年後見人等が必要だと思ったのです。

　そこでまず、私の方から「自宅でこれまでどおりの生活を続けていくためには、お金の管理や入院のことなど、一人でやっていくには難しそうな問題がいくつもある」こと、「山田さんの立場と経済状態を十分理解し、金銭管理や難しい契約などを一緒に行ってくれる人が必要になってくる」こと、「ケアマネジャーとして今後も山田さんを支えていきたいけれど、ケアマネジャーではできないこともあるので、このままでは支え切れない部分も出てきてしまう」ことなどを山田さんに説明しました。

　全部を理解してもらえたとは思えませんでしたが、私の「支えたい」という思いと成年後見制度が今後のために必要な制度であるということは伝わったようです。

　その後、地域の社会福祉協議会がやっている後見センターに相談し、私も同席している場で、山田さんに成年後見制度の説明を改めてお願いしました。

　最初、山田さんは「自分のお金を誰かに管理されるのはイヤだわ。お父さ

んと一緒に働いて、貯めてきたお金なんだから」と渋る様子でした。けれど、私が「家に来る業者の中には、悪い人も多いんですよ。今回はたまたま浄水器を返品できたけれど、次はお金をだまし取られてしまうかもしれない。悪い業者にだまされてしまった時にも、成年後見制度を使っていれば、そんなことにはなりませんよ」と説明を加えたところ、「じゃあ、お願いしてみようかしら」と納得してくれたのです。

解説

　成年後見制度の説明は、**制度としての法律の枠組みや金銭管理の話だけで終わってしまうこともありがちですが、それでは不十分**。どのように成年後見人等が関わるのか、どのようなことをしてもらえるのか、生活上どんなことができるのかなど、本人にとって**身近にイメージしやすい説明が必要**となります。

　また、本人が生活上で困っていること、悪質業者からの被害を受けたなどの実際に起こったことを例に挙げて説明することが重要です。これまで本人がどのように生活してきたかを知らない人から説明されても、本人が十分納得できるものではないことが多いのです。

その④　どうやって説明すれば良いの？

　いろいろ考えると、やっぱり成年後見制度を利用して成年後見人等に関わっていただくことが必要かなと思い始めました。でも、本人にとって大事なことを、何も伝えないで勝手に進めるわけにもいきません。かといって、私から成年後見制度を説明するなんて自信ないし……。

　だいたい、法律家でもない私が、説明なんてして良いのでしょうか？

　成年後見制度は、金銭管理にも関わり、生活を支える制度です。高齢者の生活をよく知っていて、信頼関係のあるケアマネジャーが、「本人の生活のために」と制度の説明をすることは、この制度の趣旨が生かされる第一歩になります。

　法律制度の説明なんて自信がない、とよく聞きますが、説明していただきたいのは、「成年後見人等を付けることで生活の何を支えたいのか、何ができるようになるか」です。

　例えば、難しい契約や手続きなどにおいて、どのようなことをしてもらえるのか。そのことによって、本人だけでなくケアマネジャーとしても、本人の望んでいる生活を積極的に支えやすくなるといったメリットを中心に説明できるようにしましょう。

　しかし、もし自信がないのなら無理せず地域にある後見センターから高齢者本人に分かりやすい説明をしてもらいます。

　山田さんは成年後見制度の利用を進めるため、後見センターの担当者に書類作成を手伝ってもらいつつ、申立てをすることとなりました。

　そんな時、Aさんは後見センターの担当者から気になる情報を聞かされました。親族関係図を書くために山田さんと話をしていたところ、「頼る親戚はいない」と言っていた山田さんに甥がいることが判明したのだそうです。若くして亡くなった弟さんの息子にあたるそうですが、山田さんは「甥とは付き合いたくないの」と話すのを嫌がったことをその担当者が教えてくれました。

　また、担当者が山田さんに不安事項の聞き取りを行い、財産管理関係のうち、「預貯金等金融関係」「保険に関する事項」「施設入所の契約等」の身上監護関係の全部に代理権を付ける方向で、保佐人を付ける希望を出すこととなりました。

＜担当ケアマネジャーＡさんの話＞

　山田さんに甥がいたなんて知らなくて、とても驚きました。いろいろな事情があったのだろうなとは思います。でも、甥と付き合いたくなくても、入院や手術の時とかは親族に関わってもらわないと困るし、相続人にはなるんですよね。その辺り、このままにしておくわけにはいかないって思うのですけど……。

　山田さんはまだ成年後見制度に不安があるのか、私が訪問した時に制度を説明したパンフレットを見ながら「後見人なんて人が付いてしまったら、全部その人に決められてしまって、私の人生終わりなんじゃないの？」と口にしていました。「後見人は、山田さん本人の希望を尊重して支援してくれますし、私も定期的に山田さんのおうちに訪問しますから」と改めて説明して、その場は納得してくれましたが、まだ制度を十分に理解できていないと感じ、うまく成年後見制度の申立てができるのか心配でした。

　でも申立ての日、山田さんは家庭裁判所で、緊張した面持ちながらも「お

願いしたいです。女性の方を希望します」とはっきり話したそうです。同行した後見センターの担当者が教えてくれました。

解説

申立てには、通帳をコピーしたり、戸籍を取り寄せたり、親族関係を聞き出すなどの事前準備が必要ですが、プライバシーに踏み込み過ぎて信頼関係が揺らいだりする可能性もあり、とても重い責任を負うことになります。ケアマネジャーが、一人でやるべきことではありません。

ケアマネジャーは、申立機関にしっかりつなぐことが第一です。その後は、役割を振られた時に支援するという流れになります。

もちろん、申立て支援を行っていくに当たって、関係機関や本人から依頼され、共同もしくは単独で手助けをすることもないとはいえません。ですが、**独断で申立てに関わることは適切ではありませんし、やらなくて良い**のです。

確実に申立てまでつなげる役割は、申立ての支援機関が担います。ケアマネジャーは、本人の申立て支援に関わるだけです。役割分担は明確にしておきましょう。

その⑤ 「本人情報シート」どう書くの？

　ご本人への説明もしたし、地域包括支援センターから後見センターにつないでもらって準備も進んでいるようでやれやれと思っていたら、後見センターから「本人情報シート」を書いてくださいと依頼がありました。

　ご本人の状況は地域包括支援センターにも伝えたつもりですし、その上これまで書いたことの無い書類を書かなくてはならないなんて、ちょっと気が重いのですが、書かないとだめですか？

　これは義務でなく、本人情報シートが無いと申立てができないとか、書かないとペナルティがあるというものではありません。このシートは、日常の生活の状況等をきちんとお伝えし、医師が適切に診断書を書くためのものです。また、その後、本人にふさわしい成年後見人等の選任を検討したり、チーム体制の整備や成年後見人等の支援の方針を考える等にも使うそうですよ。

　2019年度から診断書の書式が変わり、高齢者本人の情報の中で、金銭管理能力の有無よりも「契約」を理解できるか否かということの方が重視されるようになりました。私達ケアマネジャーが関わっているのはまさに介護保険のサービス契約ですよね。

　高齢者本人の日々の生活でどのようなことがあり、どのような支援が必要となっていて、どのように関わるのが望ましいのか等を医師や今後の成年後見人等支援者に伝えることは、客観的に本人を見続けた私達ケアマネジャー等支援者の役割として重要なのだと思います。

　本人情報シートは今後、高齢者本人を支えるチーム体制を作るための資料としても求められています。それがあってこそ、私達ケアマネジャーもチームの一員として、「認知症が出始めても安心して独居で地域生活を続けることができるような支援」ができるようになると思っています。ここで、しっかり責任を果たしたいものです。

　医師の診断には、結局、甥との関わりを嫌がる山田さんの意思が尊重され、後見センターの担当者が同行することになりました。

　その際に医師は、「事前に本人情報シートをいただいていたので、参考にさせてもらいました」と言ってくださったようです。

　その後、家庭裁判所でも、この「本人情報シート」も参考に、また、本人の希望も入れて、女性で今後の生活の方向も一緒に考えてくれるような方を選んでくれたとのことでした。

＜担当ケアマネジャーＡさんの話＞

　どう書いたらいいのか分からなかったのですが、厚生労働省からも協力するようにという文書が出ているようですし、何と言っても本人の状況をふまえた今後の支援のために必要ということだったので、本人の状況を知っていただくためにと思って書いてみました。

　書き方については、裁判所から書き方の注意点やモデル事例も出ていたので参考にして書きました。後で山田さん本人が見ることもあるかもしれないですし、事実に基づき客観的にというところで、支援者に共通理解を求めるつもりで書きました。

　事業所も、今後の支援のために必要なことだからと理解してくれ、時間内に書いたので、特に山田さん本人に費用は求めていません。

本人情報シート（成年後見制度用）

※　この書面は，本人の判断能力等に関して医師が診断を行う際の補助資料として活用するとともに，家庭裁判所における審理のために提出していただくことを想定しています。
※　この書面は，本人を支える福祉関係者の方によって作成されることを想定しています。
※　本人情報シートの内容についてさらに確認したい点がある場合には，医師や家庭裁判所から問合せがされることもあります。

作成日　〇〇〇〇 年　〇 月 〇〇 日

本人
氏　　名：山 田 川 子
生年月日：〇〇 年　〇 月 〇 日

作成者
氏　　名：　〇〇　〇〇　㊞
職業(資格)：看護師、社会福祉士
連　絡　先：〇〇－〇〇〇〇－〇〇〇〇
本人との関係：ケアマネジャー(介護支援専門員)

1　本人の生活場所について
　☑　自宅　（自宅での福祉サービスの利用　☑　あり　□　なし）
　□　施設・病院
　　　→　施設・病院の名称 ＿＿＿＿＿＿＿＿＿＿＿＿＿＿＿＿＿＿＿
　　　　　　住所 ＿＿＿＿＿＿＿＿＿＿＿＿＿＿＿＿＿＿＿＿＿＿＿＿

2　福祉に関する認定の有無等について
　☑　介護認定　（認定日：〇〇〇〇年　　　〇 月）
　　　□　要支援（1・2）　　□　要介護（1・②・3・4・5）
　　　□　非該当
　□　障害支援区分（認定日：　　　　年　　　　月）
　　　□　区分（1・2・3・4・5・6）　　□　非該当
　□　療育手帳・愛の手帳など　　（手帳の名称　　　　　　　　）（判定　　　　　）
　□　精神障害者保健福祉手帳　　（1・2・3　級）

3　本人の日常・社会生活の状況について
(1) 身体機能・生活機能について
　　　□　支援の必要はない　　☑　一部について支援が必要　　□　全面的に支援が必要
　　（今後，支援等に関する体制の変更や追加的対応が必要な場合は，その内容等）

> 在宅で介護保険サービスを利用し生活を継続しているが、通帳やカードをたびたび紛失したり、介護サービス利用の必要性が高まっていても契約の理解が困難でサービス提供が受けられない等が見られるようになった。ケアマネジャーとしては頼れる身内もいないことから、今後のためにも制度利用が必要と考えている。

(2) 認知機能について
　　日によって変動することがあるか：☑　あり　□　なし
　　（※　ありの場合は、良い状態を念頭に以下のアからエまでチェックしてください。
　　　　エの項目は裏面にあります。）
　ア　日常的な行為に関する意思の伝達について
　　　☑　意思を他者に伝達できる　　□　伝達できない場合がある
　　　□　ほとんど伝達できない　　　□　できない
　イ　日常的な行為に関する理解について
　　　□　理解できる　　　　　　　　☑　理解できない場合がある
　　　□　ほとんど理解できない　　　□　理解できない
　ウ　日常的な行為に関する短期的な記憶について
　　　□　記憶できる　　　　　　　　☑　記憶していない場合がある
　　　□　ほとんど記憶できない　　　□　記憶できない

エ　本人が家族等を認識できているかについて
　　□　正しく認識している　　☑　認識できていないところがある
　　□　ほとんど認識できていない　□　認識できていない

(3) 日常・社会生活上支障となる精神・行動障害について
　　□　支障となる行動はない　　　　□　支障となる行動はほとんどない
　　☑　支障となる行動がときどきある　□　支障となる行動がある
　　（精神・行動障害に関して支援を必要とする場面があれば，その内容，頻度等）

> 通帳やカードを紛失したり、不要な浄水器を高額で購入する等の消費者被害に遭う等
> の他、日々の生活で鍋を焦がしたり、ヘルパーが来る日時を忘れ外出してしまい支援
> に入れない等もある。またサービス利用の理解もその時はできても、いざ契約の時に
> は忘れてしまう等困難になっている。

(4) 社会・地域との交流頻度について
　　☑　週1回以上　　□　月1回以上　　□　月1回未満

(5) 日常の意思決定について
　　□　できる　　　☑　特別な場合を除いてできる　　□　日常的に困難　　□　できない

(6) 金銭の管理について
　　□　本人が管理している　　□　親族又は第三者の支援を受けて本人が管理している
　　☑　親族又は第三者が管理している
　　（支援（管理）を受けている場合には，その内容・支援者（管理者）の氏名等）

> 本人の不安が大きく、いくら断っても泣きつく等があり、現在は一時的に地域包括支
> 援センターが要綱を作って預かっている。

4　本人にとって重要な意思決定が必要となる日常・社会生活上の課題
　　（※　課題については，現に生じているものに加え，今後生じ得る課題も記載してください。）

> 今後、本人の一人暮らしの継続について検討が必要。本人は自宅での生活以外について
> は一切考えておらず、どのように生活していくか早急に検討していくことが必要になっ
> ている。

5　家庭裁判所に成年後見制度の利用について申立てをすることに関する本人の認識
　　☑　申立てをすることを説明しており，知っている。
　　□　申立てをすることを説明したが，理解できていない。
　　□　申立てをすることを説明しておらず，知らない。
　　□　その他
　　（上記チェックボックスを選択した理由や背景事情等）

> 説明については丁寧に行い理解できている。実際には甥がいるが本人は「私には一人も
> 身内がいない」と関わりを拒否する気持ちが強く、キーパーソンとなれる身内がいない
> 状態で心細く思っている。

6　本人にとって望ましいと考えられる日常・社会生活上の課題への対応策
　　（※御意見があれば記載してください。）

> 本人は自分の希望や思いを他者に伝えることができ、その実現に向けて支援関係者はこれまでも関わってき
> ている。しかし、徐々に認知機能が低下しており、地域生活の継続や金銭管理にも支援が必要となり、支援体
> 制をこれまでとは違う内容で検討することが本人の安全や安心のためには必要なことである。福祉サービスの利
> 用などの契約行為の代理ができる形が望ましく、本人もそれを希望している。安易に施設入所という選択肢に
> ならないためにも、第三者の担い手が、本人の意思や意向を尊重しつつ家族とも調整を取っていくこと、その
> ために支援関係者と連携体制を取り、チームとして本人を支えていく体制を作ることが重要である。

その⑥　申立て、どこまで関わるの？

　今回、本人情報シートに、日々のご本人の生活状況を書いて医師に提出しました。

　生活状況をよく知っていて、信頼されている私が成年後見制度の説明に関わることで、ご本人に理解してもらえるという考えは分かります。実際、私から説明することで、分かっていただけたとも思います。

　でも、何でもかんでもケアマネジャーがやれと言われたら、無理です。申立てをするには、本人の通帳を見ながら必要な書類に書き込んだり、戸籍を取り寄せたりしなくてはならないと聞きました。そういうことには関わりたくないから、成年後見人等にお願いしたい……。

　私はケアマネジャーとして、**どこまで関われば良いのですか？**

　重要なことは、**申立てに関わってくれる機関や組織に早めにつなぐこと**です。

　関わってくれる親族がいない、親族や本人が関わりを拒否している、「やる」と言ってくれた人が高齢などで能力的に難しい、といった場合には、まずは**地域包括支援センターが申立てに関する相談先**となります。また、自治体の責任で成年後見制度の利用を促進するための中核機関がつくられると聞いています。すでに、地域の社会福祉協議会等に後見センターがあれば、そこに相談することもできます（⇒本書 19 頁　〈どこに相談すれば？〉参照）。

Case 2 独居高齢者の在宅生活を支える 〜成年後見人等と、どう付き合うの？〜

事例のポイント

- より良く連携するために、すべきこと、しておくこと
- ケアプラン作成や入院時などの具体的な連携方法
- 施設入所の判断等、重要な判断を成年後見人等にしてもらう時のケアマネジャーとしての立場

事例の概要

山田川子さん（83歳）

- ●要介護2
- ●成年後見人等：保佐人の司法書士　鈴木さん。
- ●家族：夫は既に死亡、子どもなし。

　山田さんは83歳の女性です。夫に先立たれ、子どもも頼りになる親族もいませんが、定年まで教師として働いていたこともあり、金銭面では苦労していません。

　担当ケアマネジャーのAさんは、山田さんに関わっていく中で、成年後見人等の必要性を感じていました。Aさんの説明を聞いた山田さんは、地域の後見センターの支援を受けながら、成年後見制度の申立てを行います。結果、山田さんには50代半ばの女性司法書士、鈴木さんが保佐人として付くこと

が決まりました。

　身寄りのない一人暮らしの山田さん。本人はいつまでも今の生活を続けたいと希望していますが、保佐人が付くことによって、山田さんの生活はどう変わっていくのでしょう。ケアマネジャーのＡさんは保佐人の鈴木さんとの今後の付き合いに、少し不安を感じています。

＜担当ケアマネジャーＡさんの話＞

　山田さんが家庭裁判所で申立てを行ってから１カ月後、保佐選任審判が下り、女性の司法書士である鈴木さんが保佐人に選任されたとの連絡が後見センターから入りました。それから間をおかず、ケアマネジャーの私のところにも鈴木さんから挨拶の電話がありました。私としては、山田さんの希望どおりに女性が選任されたのでホッとした気持ちが大きかったです。

　ちょうど介護保険の更新認定がなされ、山田さんには変更なしで「要介護２」の結果が来ていました。保佐人である鈴木さんには、「介護契約その他の福祉サービス契約の締結・変更・解除及び費用の支払」についての代理権も付与されていると聞いていたので、サービス担当者会議に鈴木さんも出席していただけるようにお願いしようと思っているのですが……大丈夫ですよね？

解説

　独居の高齢者が増加する中、これまで在宅で身寄りをあてにできない方の場合、心身の状態や生活状況を見守るケアマネジャーの精神的負担は大きいものでした。こうした状況の中に成年後見人等が新たに関わり、チーム体制を作って高齢者を支え地域包括ケア体制を進められるようになってきています。このような場合、**まずは成年後見人等とケアマネジャー等支援者が一堂に顔を合わせ、どのような時にどうやって連絡を取るか、それぞれの役割と情報共有の方法を明確化する**ことが必要です。

　その際、ケアマネジャーが司会進行を務め、想定できる問題（例えば病院

への受診等）を具体的に挙げながら、成年後見人等と危機管理の共通イメージを持てるようにすると、その後の連携もしやすくなります。高齢者の今後の生活に責任を持たなくてはならない成年後見人等にとって、こうした情報共有の場はありがたいものとなるでしょう。

　また、場合によっては申立てに関わった自治体や地域包括支援センター、後見センター等がその役割を担ってくれる場合もあります。

ケアマネジャーの悩み

その①　どう付き合えば良いの？

　申立てをしていた成年後見人等がやっと決まったようで、家庭裁判所から手紙が来たと、ヘルパーから連絡がありました。しかし、こちらから成年後見人等に連絡しようにも連絡先が分かりません。

　これから先、どんな時にどう連絡してもらえるのか、こちらから連絡した方が良いのかが不安です。**お互いに知り合ってこれからのルールを作るために**にも、一度会いに行っても良いものでしょうか？

　裁判所からの審判書は、申立てから1カ月程度で届くことが多いようです。それから審判が確定し、成年後見人等としての活動が始まるまで、約2週間程度かかります。（⇒本書14頁　**2　制度利用の流れ**参照）

　確定したら、後見人等の方からケアマネジャーに連絡があると思います。ただ、できるだけ早く成年後見人等に伝えたいことがある場合、申立人に確認して、こちらから連絡することに問題はありません。保佐人や補助人の場合、まずは登記事項証明書を見せてもらうのが良いでしょう。これは身分証明書のようなもので、何についての代理権を持っているか、具体的に確認できます。

　また、**お互いを知り、役割をそれぞれ確認するため、他の支援者・事業者等にも参加してもらいながらサービス担当者会議を行う**ことが有効です。現状の報告・確認、これからの連絡についてなど、その会議の場で決めておくことが、今後のスムーズな連携・協力体制作りには欠かせません。何といっても**「顔の見える関係」**が一番です。

　保佐人の鈴木さんも出席して開催されたサービス担当者会議では、まず山田さんが「できるだけ長く自宅で暮らしたいです」とはっきり意向を口にしました。

　Aさんは、半年前の会議で断られた浴室の改装やトイレへの手すりの設置を「自宅で暮らすためにも」と再び山田さんに提案しましたが、山田さんは「いえいえ、大丈夫です」と首を振るばかり。すると保佐人の鈴木さんが「山田さん、住宅の改修であれば、介護保険からもお金が出るから大丈夫ですよ。それに万が一でも転んだりすると、山田さんが望んでいる生活が続けられなくなると心配して、ケアマネジャーさんがプロの視点から提案してくれているのですから、お風呂やトイレの手すりは付けませんか」とAさんに加勢をしたのです。それを聞いた山田さんは「それなら、お願いしましょうかねぇ」と浴室の改装等に応じました。

　鈴木さんは今後も1カ月に1回程度は山田さんを訪問する旨を伝え、Aさんやヘルパー達に保佐人としての役割の説明と連絡先となる名刺を手渡しました。ケアプランの更新時についても直接確認を行ったことで、Aさんは安心感を覚えたようです。

＜担当ケアマネジャーAさんの話＞

　私はこれまで、山田さんから「お金が無いから無理です。大丈夫です」と言われてしまうと、それ以上は何も言えずに引き下がるしかありませんでした。今回、鈴木さんの言葉を聞いて「なるほど、保佐人が付くということはこういうことか」と感心しました。

　鈴木さんからは、「何か気になることや相談したいことがあれば連絡してください」と名刺をいただきました。夜や土・日・祝日の連絡は控えてほしいけれど、緊急時には携帯に連絡してくださいと、きちんと伝えてもらえてありがたかったです。私もこれまで通り、1カ月に1回は訪問しますし、ヘルパーは週3回訪問しますから、鈴木さんともよく連絡を取り合って、山田

さんを支えていきたいと思います。

　また、鈴木さんから「山田さんの生活状況を知っておかないと、今後の変化への対応が速やかにできないかもしれない。自信を持って適切な契約を行うためにも、今のサービスの状況を確認しておきたい。ケアプランの変更や更新の際には、できるだけ直接会って、確認をさせてください」との要望ももらいました。

　私としては、きちんとケアプランの内容の説明を聞き、納得してからサインしてくれる人がいると思うと、やりがいを感じます。良いサービス担当者会議になったのではと思います。

事例のその後

　鈴木さんが保佐人となってから半年ほど経ったある日、ヘルパーから「山田さんが転倒して動けない」という連絡がＡさんの下に入りました。救急車を呼ぶ騒ぎとなり、診察の結果、前に骨折した時と反対側の大腿骨を骨折しており、手術が必要になってしまいました。

　入院手続きについては、保佐人である鈴木さんの署名により行うことができました。今後のことを考えた鈴木さんが、身元引受人となる山田さんの甥と連絡を取っており、「普段は一切関わりたくないが、いざという時には」という話ができている旨を病院に説明したのです。手術については、担当した医師と鈴木さんで山田さんの意思を確認し、鈴木さんが同意書を代筆しました。

　手術は無事に終わり、山田さんはその後３週間ほどでリハビリ病院に転院。２カ月後、退院に向けてのカンファレンスが行われることとなりました。

＜担当ケアマネジャーＡさんの話＞

　鈴木さんから連絡があり、山田さんのカンファレンスに私も出席することになりました。入院先のリハビリ病院の医療ソーシャルワーカー（相談員）から、「伝い歩きで歩けるようにはなりましたが、入院したことで認知症は

進行しているようです」と言われたそうです。

　カンファレンスの席で会った山田さんは、一回り小さくなったように見えました。「早く家に帰りたいです。一人で頑張りますから、帰りたいです」と繰り返すばかりでした。

　退院後の方向性として、認定区分の変更申請をし、デイサービスでの入浴とヘルパーも最大限入れることとなりましたが、果たしてこれからも山田さんは一人暮らしが可能なのか、不安で仕方ありません。

　その気持ちを鈴木さんに伝えると、「そうですね。そろそろ次も考え始めた方が良さそうですね」と言ってくださいました。

解説

　入院手続きや保証金については、権限を持っている成年後見人等の役割です。ケアマネジャーの権限や職務外の部分である身元引き受けの問題、手術や麻酔注射に関する同意、転院等についても、対応は基本的に**成年後見人等にお任せ**しましょう。

　その他の部分、例えば普段身に着けている下着や寝巻が欲しいなどの要望が高齢者本人からあった場合に、ケアマネジャーとして成年後見人等の相談に乗ることもあるかもしれません。

その②　さぁ大変！入院、手術など

　高齢者の生活に関わっていると、どうしても医療機関との連携が必要になります。受診や入院、検査等、いろいろありますから。

　特に独居高齢者については、**入院の時の身元保証人って実際はどうなるんだろうとか、手術の同意書などはどうすれば良いんだろうとか**、ケアマネジャーとして直接の仕事ではないけれど、やはり気になってしまいます。成年後見人等に、手術などの同意権はないと、最初に聞いていますけど……。

　身元引き受けや身元保証の制度は、①料金支払の確実性、②何かあった時のキーパーソンとしての確認、③遺体・遺品引き取り等についての責任を明確化するために求められるようです。

　成年後見人等は権限に基づいて、①については確実に、②についてはある程度の役割を担うことはできますが、③に関しては本来親族が行うべきことです。遺体引き取り後の葬儀やお墓のこともありますので、③に関する部分だけ親族に連絡を取って確認を取り付けている成年後見人等もいます。

　また、2016 年 10 月からは親族がいないなどの場合、成年後見人等が関わることができるようになりました。

　手術の同意などに関しても同様です。親族等がいれば、本人の意識が無い場合はどうするかについて、事前に確認を取っている後見人等もいます。いずれにせよ、**成年後見人等が責任を持って医療行為を受けられるようにしてくれる**はずです。

　ケアマネジャーが親族等と面識があるといった理由で協力を求められる場合もあるかもしれませんが、説明や依頼等は後見人等にやってもらいましょう。

　2019 年 6 月、厚生労働省からは「身寄りがない人の入院及び医療に係る意思決定が困難な人への支援に関するガイドライン」が出されていて、そこには成年後見人等の関わり等についても詳しく記載されていますから参考にしてみてください。

デイサービスに行く時は、見送りのヘルパーに「行きたくない」と訴えることが多かった山田さん。ところが近頃、書道クラブで添削する係を任されたことでやりがいを見つけたのか、急に喜んでデイサービスに行くようになりました。一方で、デイサービスから帰宅後、ヘルパーに「寂しいから帰らないで」と訴えることも増えたとAさんの下に報告が届きました。

保佐人の鈴木さんに伝えたところ「ケアマネジャーさんとしては、今後のことをどう考えていますか?」と聞かれたAさんは、本人の安心と安全のためにもそろそろ施設を検討するべき時期ではないかという考えを伝えました。

＜担当ケアマネジャーAさんの話＞

これまでは山田さん自身が頑なに自宅にこだわっていたので、できるだけ在宅生活を続けさせたいと思っていたんですが、最近「寂しい」という言葉が本人から出るようになったと聞いて、やっぱり施設を検討した方がいいのではと思ったんです。その話を伝えたことで、鈴木さんも決断できたみたいですね。

すぐに鈴木さんから施設等のリストがいくつか送られてきて、「評判などを聞いていたら教えてほしい。山田さんには、療養のためにお試しで施設を利用してみましょうと話すつもり」と言われました。

私が次に訪問した時には、山田さん本人から「近くの老人ホームにお泊りしてきたのよ。思っていたよりも綺麗でご飯もおいしくて、気に入ったわ」と話を聞くことができました。数カ月後には、有料老人ホームに入所することが決まって、私もホッとしました。

認知症ケアの基本として「パーソン・センタード・ケア」が挙げられるこ

ともあるように、人生は高齢者本人のものですから、できるだけ納得のいく人生を送ってもらいたいものです。

　高齢になり、認知症という状況であればなおのこと、在宅生活から施設に移るなどの環境を変えることに、抵抗があると予想されます。施設等の利用を検討する場合、成年後見人等に対して**率直に居所を変えることの危険性や不安等を伝えてください。**

　成年後見人等はケアマネジャー同様、高齢者本人の在宅維持希望の意思を尊重する姿勢を持っています。ケアマネジャーからもたらされた情報に基づき、成年後見人等も高齢者本人が納得できるよう頑張って説明・説得する必要があるのです。ケアマネジャー等が成年後見人等に高齢者本人の情報を率直に話せるかどうかが、最終的にどうするべきかを決断するための大事な判断材料となるのです。

ケアマネジャーの悩み

その③　そろそろ施設入所も検討？

　高齢者本人が在宅生活を強く望んでいる場合、ケアマネジャーとしては希望を叶えられるように支えたいと思います。でも、限界はありますよね。

　例えば何回か転倒して入院したり、火の始末ができなかったり、食べるものがあるにもかかわらず無いと言ってきたり。そんなことが続くと、やはり在宅生活は無理なんじゃないかと迷います。

　成年後見人等には施設入所契約の代理権もあるようですが、**判断は任せて良いのでしょうか？**今後、どうやって進めていけばいいのか悩んでいます。

　高齢者本人が在宅生活を望んでいる場合、それを支えるのはケアマネジャーとしての本務だと思います。でも、身体や認知症の状況等を考えると、やはり独居での限界はあるでしょう。

　「認知症の人の日常生活・社会生活における意思決定支援ガイドライン」も厚生労働省から出されていますが、問題は、誰が判断してその後の道筋をつけ、どうやって本人の納得を得るかです。独居で判断力も危ないという場合、これまではケアマネジャーが一人で背負わなくてはならなかった問題ですが、成年後見人等という力強い味方ができたと考えてください。金銭管理の問題と同様、ケアマネジャーとして立ち入れない部分に、責任ある立場で関わり判断してもらえます。また、その成年後見人等の独断でなくチーム体制の中でこのような判断ができるように地域連携ネットワークが構築されつつあります。

　ただし、**適切な時期に適切な判断をしてもらうためには、ケアマネジャー側からの日常的な情報提供や促しは不可欠**です。

　成年後見人等とは「顔の見える関係」を築き、適切な判断材料となる情報をタイミングよく渡していくようにしましょう。

- 親族に関わってもらう範囲
- 注意するべきポイント
- 親族が適切に関わってくれていない、虐待かもと感じた場合、どうすれば良いのか

川口下夫さん（83歳）
上子さん（82歳）

- 下夫さん要介護3、上子さん要介護1
- 成年後見人等：これから検討。
- 家族：子どもなし。甥が関わってくれる。

　川口さん夫婦は、ともに80代。子どもはなく、ずっと二人暮らしです。夫である下夫さんには認知症があり、3年ほど前からデイサービスを週2回利用しています。妻の上子さんは腰痛と膝痛がひどく、ヘルパーを週3回利用していますが、この頃は物忘れもひどくなり、ヘルパーが訪問する日に家を留守にしてしまうことも多くなりました。

　担当ケアマネジャーのBさんは、だんだん要介護度が高くなっていく川口さん夫婦のことを気にしています。けれど、川口さん夫婦には甥に当たる中

山さんという人がおり、その人が関わってくれるので大丈夫だろうとも思っていました。

ただ、唯一気になっていることがあるようで……。

＜担当ケアマネジャーBさんの話＞

私が川口さん夫婦の担当となって、最初に介護保険サービス利用の契約をする時に、同席していたのが甥の中山さんでした。「私たちには子どもがいないのでね。この甥がとても頼りになるんですよ」と上子さんが話していたのを覚えています。

中山さんは「私の両親は早くに亡くなったので、おばさん達にはとてもお世話になったんです。車で10分くらいのところに住んでいますので、何かあったら駆けつけますよ」と言ってくださり、快く緊急連絡先になることを承諾してもらえました。実際、下夫さんがショートステイ中に体調を崩した時には、外出中だった上子さんよりも先に連絡が取れて、駆けつけてくれたこともあります。

頼りになる親族がいて助かるとは思うのですが、中山さんはケアマネジャーの私とあまり連絡を取りたくないようにも感じるのです。避けられているような気がしています。

ケアマネジャーの悩み

その① これからのことが心配

いろいろ関わってくださる親族の方がいると、心強いですよね。でも、この頃ますますご本人の症状が悪化していて、すごく心配です。

こういうのって、**どこまで親族の方にご相談して関わってもらって良いのかと不安**になります。

　担当している方に頼りがいのある親族がいることは、高齢者本人にとってもケアマネジャーにとっても心強いですね。

　気を付けなければならないのは、高齢者本人達と親族との関係です。まず、**高齢者本人がその親族を全面的に信頼し、安心して任せているのか**を確認してください。言葉だけでなく、状況を観察して確認することが大切です。

　次に、その親族に任せていることで、高齢者本人にとって**良い結果となっているか、親族の都合が優先されていたりはしないか、悪影響が出ていないかを客観的に見てください。**

　ケアマネジャーとして、高齢者本人とその生活を守るためにも、しっかり見守りましょう。

事例のその後

　ある日、下夫さんの通うデイサービスの職員から、下夫さんがこの頃くたびれた洋服ばかり着てくることが気になるという連絡がBさんの下に入りました。ヘルパー事業所に連絡したところ、どうも最近、甥の中山さんが川口さん夫婦のお金を管理しているようだとのこと。

　Bさんは川口さん夫婦のところを訪問し、上子さんに甥のことを尋ねましたが、「私の姉夫婦が早くに亡くなってしまって、親子同然に接してきたつもりですが、甥はやっぱり寂しかったと思いますよ。でも優しい子に育ちました」と甥の優しさを強調するばかりです。年金が入ってくる通帳はどうしているのかということも尋ねましたが、「そんな大事なものはちゃんと隠してあるわよ～」と軽くいなされてしまいました。

＜担当ケアマネジャーBさんの話＞

　仕方がないので、その日は「寒くなってきたから、冬物を中山さんに出してもらってくださいね」と言い残して帰りました。

　けれど、次に私が訪問した時にも、ご夫婦二人とも薄手のくたびれた服を着ていたんです。「寒くないですか？中山さんに冬物を買ってきてもらいましょうよ」と言ったのですが、「大丈夫、大丈夫」と断られてしまって。これ以上言っても仕方がないと思い、この件はそのままになってしまいました。

解説

　ケアマネジャーは、介護保険の利用を通して高齢者の生活を支える専門職です。親族関係に深く立ち入ってしまったことで信頼関係が壊れ、契約を打ち切られたということになっては困ります。

　まずは、高齢者本人の話をじっくり聞き、その範囲でできることをし、言うべきことは言う、くらいで良いと思います。

　無理に関わろうとするよりも、ケアマネジャーとして「あなたのことをちゃんと気にして見ていますよ」という気持ちを高齢者本人に感じてもらえることが大事です。何かあったら、ケアマネジャーさんに相談できる、聞いてもらえるという信頼関係を高齢者本人と深めておきましょう。

その②　経済的虐待？私が確かめるべき？

　最近、親族の方がきちんと見ていてくれないんじゃないかと不安になることが多いです。

もしかして経済的な搾取じゃないか、虐待かもしれない、なんて思うこともあって。でも「これ以上ふみ込んで聞いたら、お互い気まずくなるなぁ」とも思ってしまって、どうしたら良いか分かりません。

　きちんと親族の方からも話を聞くべきなんでしょうか？

　親族への疑いを感じても、無理をして聞き出したり、確かめたりしなくても良いのです。

　偶然見てしまった、聞いてしまった、あるいは気付いたことがあれば、それを地域包括支援センターや自治体にそのまま伝え、相談しましょう。

　ケアマネジャーの仕事は、高齢者の日常生活を支える大事な要です。ケアマネジャーとしての枠を超える仕事だと思ったら、知らん顔をするのではなく、関連機関に相談することで、以降の支援につなげていきましょう。

　虐待等の証拠や確証がなくても、できるだけ早く関連機関に相談し、ケアマネジャーだけが知っていて悩んでいることのないようにすることが大事です。

事例のその後

　後日、Bさんの下に中山さんから「デイサービスを週1回に減らしてください。ヘルパーは要らないです。私の妻が手伝いに行きますから」という電話が入りました。上子さんに確認したところ、「甥がそう言うのなら、そうします」と承諾したため、Bさんは心配しながらもヘルパーの利用を減らすことにしました。

　10日ほど経った頃、下夫さんの体臭がきついことに気が付いたデイサービスの職員が、Bさんに連絡をしてきました。聞けば、中山さんの奥さんにはもう何年も会っていないとのことで、家のことは上子さんが全て一人でやっている状況だったようです。Bさんは慌てて、川口さん夫婦を訪問しました。

＜担当ケアマネジャーBさんの話＞

　川口さんご夫婦は、二人とも以前より体重も減った様子でした。思い切って「中山さんに洋服を買ってきてくれるよう、私からお願いしましょうか？」と聞いてみたところ、上子さんが急に顔を手で覆って泣き出してしまったんです。

　「甥は、前は優しかったんだけど、今はもう……私のお金も無くなっちゃった……」と言うので、通帳のことを尋ねると「甥が持っていっちゃって、私達には月に20,000円しかくれないの。これでは満足に食べられないわ」との答えが返ってきました。私はとても驚きました。そんなことになっていたなんて……。

　ひとまず事業所に帰ってから上司に相談し、甥による経済的虐待として、地域包括支援センターに通報しました。

解説

　もし高齢者本人から虐待かもしれないという相談や訴えがあった場合は、すぐに地域包括支援センターか自治体に通報してください。認知症の症状がある高齢者からの訴えであっても、同様です。

ケアマネジャーの悩み

その③　通報した後はどうなるの？

　ご本人からＳＯＳがあったので、地域包括支援センターに通報しました。でも、**私が通報したと相手に分かってしまったら、どうなってしまうのかしら？**

　在宅生活を希望されている方なのですが、もうそれも無理なんでしょうか？これから先、ケアマネジャーとしてどのような支援ができるのか、分かりません。

　心配しないで！虐待通報があった場合、**誰から通報があったかなどは分からないように細心の注意が払われ、その中で事実確認が進みます。**

　そして今後のことについては、**地域包括支援センターや自治体が一緒に解決を目指して考え、支援してくれます。**

　ケアマネジャーや事業者だけでは解決できなさそうな問題は、抱え込まないようにしましょう。ともかく、疑わしきは相談・通報からです。

事例のその後

　通報後、これまでの経緯等についての問合せが、地域包括支援センターから何度かBさんの下に入るようになりました。はじめは中山さんや川口さん夫婦から、通報したことについて何か言われるのではと不安に思っていたBさんでしたが、両者から特に反応はなく、Bさんはありのままを担当者に話すことができたようです。

　それから間もなく、甥の中山さんによる経済的虐待の事実が確認されました。地域包括支援センターから改めて「今後の支援方法を打ち合わせしたい」と依頼されたBさんは、地域包括支援センターが主催する地域ケア会議に出席することになりました。

＜担当ケアマネジャーBさんの話＞

　出席した会議では、これからの川口さん夫婦の生活再建方法が話し合われました。生活のためにもまず、年金の確保が大事だろうという話になり、下夫さんに成年後見人等を付ける提案がされました。

　今後も川口さん夫婦が在宅生活をするためにはそれしかないと私も思ったので、ケアマネジャーとして、できるだけの協力はするとお伝えしてきました。

解説

　自治体や地域包括支援センターの役割は、年金搾取等の虐待があるかどうかの確認をし、判断をすることです。ここでの判断によっては、例えば施設入所の申込みをしている場合、入所の順番が早くなるなどの対応が取られることもあります。

　また、高齢者本人が今後の**在宅生活を再建するためには、これまで関わってきたケアマネジャーの協力が必須**となります。そのため、地域ケア会議等でケアマネジャーが協力を要請されることもあるでしょう。こうした会議では、それぞれの役割について整理がされているはずです。地域包括支援センターや自治体等と連携を取りつつの支援となりますので、安心して協力しましょう。

その④　今後、私はどう関われば良いの？

　地域ケア会議の結果、今後の方針は決まりましたが、**私はどこまで関われば良いのでしょうか？**

　成年後見の申立てにつなげるそうですが、ケアマネジャーである私が、高齢者本人達に説明するんですか？書類を書いたり、戸籍を提出したりするのも私がやることになるのでしょうか？

　できることはお手伝いしますと会議の場では言いましたが、私も忙しいんですけど……。

　事例で挙げたような「親族等が勝手に年金を使ってしまっている」といった虐待の場合、**市町村長が成年後見の申立て**をします（⇒本書14頁　〈申立てできるのは？〉参照）。キーパーソンに当たる親族がいない、関わりを拒否しているといった場合も、これに当てはまります。

　こういう場合、地域包括支援センター等が下準備を行い、本人情報シートも地域包括支援センターの職員が書くと思われます。そして、**市町村やその委託を受けた後見センター等が申立ての準備に当たるでしょう。**全部やらなくてはいけないのかと心配する必要はありません。

　ただ、高齢者本人にしてみれば、初めて顔を見るような人ばかりに囲まれて、成年後見の申立て準備をしていくことになります。ケアマネジャーが同行や同席をすることで、何といっても本人は安心しますし、物事がはかどりやすくなる面もあるでしょう。要請があれば、高齢者本人のためにも、協力できるところは協力してあげてください。

事例のその後

　地域ケア会議の翌日、Bさんは地域包括支援センターの職員と一緒に、川口さん夫婦を訪問しました。

　職員は下夫さんに成年後見人等を付けるメリットを説明しましたが、上子さんは「甥にこれまでとても世話になっているし、悪いから……」と歯切れの悪い反応です。そこで上子さんの人柄をよく理解しているBさんが、「中山さんはもう立派な大人ですし、自分の生活は自分で作っていくべきですよ。年金はお二人が自分のために使うべきです」と話し、上子さんも次第に「そう、そうよね。年金はお父さんと私のものなのよね」と納得してくれるようになりました。

　その後、成年後見の手続きを進めてほしいという連絡を上子さんからもらったBさんは、地域包括支援センターに連絡。申立てに関しては、社会福祉協議会の後見センターが担当し、市町村長申立てをすることになりました。

＜担当ケアマネジャーBさんの話＞

　申立てのための書類を書くのに、上子さんの協力も必要とのことで、少し心配していました。上子さんは今回のことで、自信を無くしている状態でしたから。でもそのことについて、私が直接手伝うことはなかったです。申立てに必要とのことで、これまでメモしていた下夫さんの成育歴や病歴を、ご夫婦の了解を取った上で後見センターにお伝えすることはしましたが、実際にお手伝いしたのは、それくらいです。

　申立てはだいぶ急いで進められたようです。なにせ、年金が入る通帳は甥の中山さん夫婦の手にあるわけですし、1カ月も経たないうちに後見人として弁護士の方が選任されていました。

解説

　自治体や地域包括支援センターは、虐待対応や成年後見人等を付けること などについて責任を持っています。ただ、地域包括支援センター等は日々の 高齢者本人の状態を知っているわけではありません。

　ケアマネジャーはあくまでも、介護保険制度の利用を通じて高齢者に寄り 添う役割。無理は禁物ですが、**何か問題があればすぐに気付けるようしてお くこと。そして気付いたら見て見ぬふりをせず、地域包括支援センター等へ の相談や通報につなげること。**それだけは、しっかりやっておきましょう。

　ケアマネジャーとして、関連機関につなげるという役割は重要です。その ことによって、自分も仕事がやりやすくなることでしょう。

ケアマネジャーの悩み

その⑤　親族と成年後見人等、関わり方の違いは？

　虐待対応として成年後見人等が付くことになっ たのですが、これからどうやって付き合っていけ ば良いでしょうか？**親族と成年後見人等、役割と して何が違うのでしょうか？**

　成年後見人等が付くことで、かえって面倒なこ とになったりしないか、正直不安です。

　親族との付き合いは、ケアマネジャーとしてよくあることですが、「成年後見人等との付き合いは初めて」という人も多いのではないでしょうか。付き合い方が分からず、緊張してしまうかもしれませんね。

　簡単にいえば、成年後見人等は、**家族以上に高齢者本人とイコールの立場にある法的な代理人です。**高齢者本人を取り巻く状況が変わった時、本人について何かを決める必要がある時、そのためのお金が必要な時に、代理権限を持って関わってもらうことができるのが、成年後見人等です。

　ケアマネジャーが高齢者本人をないがしろにすることは、あってはならないことです。高齢者本人に関することは、高齢者本人の立場である成年後見人等にしっかり理解してもらい、高齢者本人のためになる適切な判断をしてもらえるようにしましょう。

事例のその後

　Bさんは成年後見人となった弁護士から「一度お会いしたい」という連絡をもらい、川口さん夫婦の家で対面することとなりました。

　川口さんの年金については、市が弁護士同席の下、甥の中山さんに「あなたのしていることは経済的虐待にあたります」とはっきり伝え、成年後見人の権限で口座を変更したと説明しました。その他の大事な権利書等についても、川口さん夫婦に説明の上、成年後見人となった弁護士が預かることになり、Bさんはようやく一安心できたようです。

その後、川口さん夫婦の生活が落ち着いてから、成年後見人は弁護士から市民後見人へとバトンタッチすることとなりました。将来にわたるキーパーソンとして、身上監護面で川口さん夫婦に対し、親身になってもらえることを期待してのことです。

＜担当ケアマネジャーBさんの話＞

お金を勝手に引き出せなくなったことで、甥の中山さんが川口さんご夫婦に危害を加えたり、私たちに文句を言ってきたりするのではないかと心配していました。でも、そういう場合はどうするかについても、自治体や地域包括支援センターから指示をいただいたので、安心できましたね。

結局、自治体の方には何度か中山さんからの問合せや嫌がらせがあったみたいですが、こちらは心配するほどのこともなく、落ち着いたようでした。

後日あらためて、支援のためのチーム体制作りということでケア会議というほどではありませんが、事業者等も集まって再度後見人との顔合わせを行いました。成年後見人が入ったことで、役割分担が明確になって、それぞれ連携しやすくなったようにも思います。契約もだいぶしやすくなったので、今は川口さんご夫婦が安心して在宅生活を続けられるよう、デイサービスの利用や配食を依頼したりする提案をさせてもらっています。

虐待の問題が解決し、しばらくしてから成年後見人が市民後見人の方に代わったので心配だったのですが、市民後見人の方は後見センターのバックアップや指導を受けているとのことで、テキパキと動いてくださって安心感があります。いろいろと助かっていますね。

解説

親族がいないと不安だという気持ちは分かります。ですが、その親族が不適切な関わりをしている、もしかして虐待？と感じるようであれば、注意しておきましょう。**不適切な関わりを放置したままでは、高齢者本人の生活を悪化させてしまうことになりかねません。**

親族は高齢者本人の立場より、自分の立場を優先して動いたり発言したりすることもあるものです。ケアマネジャーとして、「これでは高齢者本人を守れない」と感じることもあるのでは？

成年後見人等は、高齢者本人の代理人です。 ケアマネジャーが高齢者本人に介護サービスの内容を説明し、納得してもらって契約を進め、支払をお願いする……その流れと同様のことを、成年後見人にもすれば良いのです。また、その成年後見人等が独断で高齢者本人の生活を判断しないように、自治体がチーム体制で支えるネットワークを作るようになってきました。

高齢者本人の在宅生活を支えるため、積極的にいろいろ考えて支援していきたい。そういう思いを、お金の心配なども含め、成年後見人等に一緒に考えてもらいましょう。

認知症に備える
～今はまだしっかりしているけれど～

- キーパーソンを任意後見人として決めておく
- 任意後見の仕組みとメリット、注意点
- 任意後見制度に関する適切なアドバイスをするために

野沢なかさん（81 歳）

- 要介護2
- 成年後見人等：任意後見受任者の佐藤弁護士。
- 家族：海外に住む長女（48 歳）。

　野沢さんは 20 年前に夫が他界して以来、自宅で一人暮らしをしています。48 歳になる長女がいますが、若い時に海外へ出て行き、今も随分と活躍しているそうで、野沢さんは「何かあっても娘には頼れないし、娘に迷惑を掛けたくない」と言い続けていました。

　自分でいろいろと本を読み講座で勉強するなどして、5 年前に野沢さんは弁護士の佐藤さんに任意後見受任者となってもらうことにしました。任意後見契約を結んだ野沢さんは、安心してその後も趣味の活動などを積極的に続けることができたようです。

　しかし 2 年ほど前、自転車にぶつかって転び、大腿骨の骨折により入院し

た頃から、野沢さんに認知症の症状が見られ始めました。

　ケアマネジャーのCさんが、要介護認定を受けた野沢さんに関わることとなったのは、ちょうどこの頃でした。

＜担当ケアマネジャーCさんの話＞

　早速本人に会いに行ったところ、野沢さんは「なんだか全てに自信がなくなってしまって、何が何だか分からない。でも、自分のことは任意後見人の佐藤弁護士にみんな頼んである」と言っていました。そこで私はすぐに、佐藤弁護士と連絡を取ってみることにしたのです。

　ところが佐藤弁護士には、「野沢さんとはもう、5年前からお会いしていません。判断力が低下したということでしたら、家庭裁判所に申し立てて、まず任意後見監督人を決めてもらってからでなければ、私は動けません」と言われてしまいました。

　「任意後見人が何でもやってくれると聞いていたので、安心していたのに。なーんだ」と私はちょっとがっかりしてしまいました。

解説

　任意後見契約は、判断力があるうちに、判断力が低下した時のためにしておく契約です。**契約をしただけでは、任意後見受任者には何の権限もありません。**

　本人の判断力が低下したら、本人か4親等内の親族もしくは任意後見受任者から家庭裁判所に申し立て、任意後見監督人を選任してもらって初めて、任意後見人として動いてもらえることになります。

その① 任意後見って契約すれば始まるんじゃないの？

「任意後見契約を結んでいるから大丈夫！」と言われて安心していたのに、いざその後見人とコンタクトを取ってみたら、すぐには動けませんと言われてびっくりしました。

任意後見契約をした高齢者本人ですら、いつから任意後見人に動いてもらえるのかよく分かっていなかったみたいで……。

そうなんです。**任意後見契約を結んだ高齢者本人が、その契約の中身を十分に理解していないことが多い**というのが、実はこの制度の一番大きな問題点です。どんな状態になった時から、どういう手続きをすることによって、任意後見人としての支援が始まり、何をどこまでやってもらえるのか……ということまでは、理解できていない人が多いと知っておきましょう。

認知症等による困りごとができたら、その時点で改めて家庭裁判所に申し立てる必要があります。裁判所が任意後見監督人の選任をして初めて、任意後見人は役割を持つことができるようになるのです。

事例のその後

結局、任意後見人となる予定の佐藤弁護士が裁判所に申立てを行い、Cさんも申立てに必要な診断書を野沢さんのかかりつけ医に書いてもらうために本人情報シートを添えて提出するなどの協力を行いました。

ほどなくして任意後見監督人が決まり、佐藤弁護士はあらためて任意後見人として野沢さん本人を訪ねて通帳の受け渡しなどを行いました。

＜担当ケアマネジャーCさんの話＞

野沢さんは要介護2の判定が出ていますし、退院が近くなってきて今後のことを考えなくてはならない時なので、これでやっと安心していろいろ決めていけると私もホッとしました。

そういえば、佐藤弁護士から任意後見人の代理権目録を見せてもらったんですよ。

　　　　　　　　　　　　代　理　権　目　録

1．本人に帰属する不動産、動産、預貯金、株式、債券その他全ての財産の管理・保存及び処分に関する一切の事項（契約の取消し・変更を含む）

2．金融機関、郵便局、証券会社等との取引に関する一切の事項（貸金庫取引に関する代理権授与並びに契約の取消し・変更を含む）

3．保険契約（類似の共済契約等を含む）に関する一切の事項（契約の取消し・変更を含む）

4．定期又は不定期の収入の受領、定期又は不定期の費用の支払及びこれらの手続きに関する一切の事項

5．生活に必要な費用の送金、金員の受領、物品の購入と代金の支払に関する一切の事項（契約の取消し・変更を含む）

6．医療契約、入院契約、リハビリ契約、介護契約その他福祉サービス利用契約、福祉関係施設の入退所に関する一切の事項（契約の取消し・変更を含む）

７．入居した施設における生活中に生じる事項についての同施設との話合い、債権債務の確認、収受すべき金員の受領、支払に関する一切の事項

８．入居した施設に対する同意・承諾・異議申出、同施設主催の行事参加申込み等同施設居住に関する決定事項及び必要な意思表示に関する一切の事項

９．登記済権利証、登記識別情報通知書、預貯金通帳・同証書、有価証券、有価証券預り証、印鑑、印鑑登録カード、その他各種カード、保険証券、年金関係書類、健康保険被保険者証・高齢者医療受給者証、介護保険被保険者証、貸金庫契約書及び貸金庫の鍵とカード、土地・建物の賃貸借契約書、遺言書等重要書類及び重要な物品、その他委任事務（後見事務）処理に必要な書類等の保管及び各事項の事務処理に必要な範囲内の使用に関する事項

１０．事務処理に関連する登記、登録、供託の申請（還付・払戻の請求を含む）、行政機関の発行する各種証明書の交付申請、行政機関に対する申請・届出等の諸手続き、不服申立て並びに税金の申告納付・還付金受領に関する一切の事項

１１．遺産分割又は相続の承認及び放棄に関する事項

１２．以上の各事項に関する行政機関への申請、行政不服申立、紛争の処理（弁護士に対する民事訴訟法第５５条第２項の特別授権事項の授権を含む訴訟行為の委任、公正証書の作成委嘱を含む）に関する事項

１３．復代理人の選任、事務代行者の指定に関する事項

１４．以上の各事項の事務処理に必要な費用の支払及び各事項に関連する一切の事項

以　上

解説

　今回の事例では、高齢者本人が任意後見契約を結んだことをしっかりと覚えていて、良かったですね。

　任意後見制度は、契約を結んだ時点では高齢者本人に判断力があると考えられます。しかしその後、いつ何をきっかけにして判断力の低下が始まり、日常生活に問題が出てくるのかを、誰かがきちんと見守っている必要があります。任意後見契約を結んでいることを知っていて、いつどうなっても大丈夫なように見守り続けることができ、**判断力が失われた時点で任意後見監督人の申立てにつなげる人がいないと、この制度は意味を成しません。**

　逆に、本人の判断力が低下しても、周りの支援者が「任意後見監督人が決まるとうるさそう」などと勝手に判断し、任意後見契約を無視して申立てにつなげないというケースもあります。

　いつの時代も、判断力が低下してしまった高齢者の権利は、無視されがちなのです（⇒本書19頁　(2)　**任意後見制度**参照）。

その② 任意後見、どんな人に勧めておくと良いの？

　高齢者といっても、元気で前向きでしっかりしている方もたくさんいます。でも、子どもや親族を頼りにできない人も増えていますよね。そういう方々が認知症になったら……。

　キーパーソンのいない方に介護保険の利用などを考える時は、お金があっても……いえ、お金がある人ほどトラブルになりがちで、**ケアマネジャーとしては神経を使います。何とかならないかしら。**

　独身で頑張ってきた方や、お子さんのいない高齢夫婦などの場合、キーパーソンになってくれる人がいないことも想定できます。そのような場合、まだ高齢者本人に判断力があるうちに、**キーパーソンとして任意後見人を自分で決めておいてもらうことが重要です。**

　特に**本人なりの考え方を持っていて、意思を反映した介護保険の契約や金銭管理等をしたい方には有効**です。高齢者本人の判断力がしっかりしている間に、誰に、どんなことをしてほしいのか、報酬はどれくらいかということを明確に決めておくことができるのは、任意後見契約のメリットです。

解説

　任意後見契約は、高齢者本人の「こうしたいという思い」を、自分が認知症等で実現できなくなった時に、任意後見人を決めておき、代理権を持って財産を使うことで、その思いの実現を可能にするものです。遺言は自分の死後に残った財産について、自分の「こうしたいという思い」を実現するためのものですが、任意後見制度は生きている間のことを支える制度です。

　これからの時代は、自分の老後生活について、しっかりとした自分の考えを持っておきたいもので、認知症になったとしてもそれらの考えを簡単に無視されず確実に実行できるようにしておきたいですね。

　しかし、そのためには、ただ任意後見契約を結べば良いのではなく、今多く出回っているエンディングノートなどを使って、老後の生活についてしっかりと自分でイメージを持って考えて備えていくことが必要です。

　多くの高齢者に関わり支えてきたケアマネジャーの知恵やアドバイスが有効に生きる場面もありそうです。

　一人暮らしの高齢者だけでなく、頼れるお子さんのいない世帯など、すぐに後見制度にということでなく、その方々の今後の生活を支えるために知っておいてもらえるように、また、いつでも紹介できるようにしておくことも、ケアマネジャーとして重要なことだと思います。

Case 5

こんなはずじゃなかった!?
〜成年後見人等が動いてくれない〜

事例のポイント

- 成年後見人等が動いてくれない、説明しない、話を聞かない、といった場合の付き合い方
- 成年後見人等のやっていることに納得できない場合の対処

事例の概要

野沢なかさん（81 歳）

- 要介護２
- 成年後見人等：任意後見人の佐藤弁護士。
- 家族：海外に住む長女（48 歳）。

　大腿骨の骨折が原因で入院し、認知症の診断も出された野沢さんでしたが、近頃は退院の目途が立ったので、熱心にリハビリを行っています。野沢さんは在宅生活を継続する意思が明確で、任意後見人として佐藤弁護士も付いていることから、担当のケアマネジャーＣさんは、このまま退院しても元の一人暮らしを続けることは可能だろうと安心していました。

　ところが、野沢さんの退院に向けたケア会議を開く段階で、気がかりなことが起こったようです。

＜担当ケアマネジャーＣさんの話＞

　今後の野沢さんの生活を考えるためにケア会議をと思い、まずは任意後見人の佐藤弁護士に連絡をしました。お忙しい佐藤弁護士のご都合にできるだけ合わせるつもりだったのですが、趣旨を説明したところ、「そちらで方向性を決めてください。新たなサービスの契約が必要なら、書類だけ送っていただければ署名捺印して送り返しますから」と言われてしまったのです。

　もっと一緒にきちんと契約のことを考えてくれると思っていたのに、なんだかイメージと違いました。

ケアマネジャーの悩み

その①　「身上監護はお任せします」って言われちゃったけど？

　「後見人って、お金を預かる人でしょ」って仲間からは言われていたのですが、本当にお金のことしか考えてくれないのでしょうか……。

　成年後見人等は「判断力が低下して自信を無くしている高齢者本人と一緒に契約を考えて、きちんと決めてくれる」と思っていたのですけど、実際に相談したら「そちらで考えて書類を送って」って言われたんですよね。本人のことを本当に考えているのか不審に思いましたし、こういう時、**私が勝手に決めてしまって良いものですか？**

　正直なところ、**成年後見人等といっても実は様々**です。財産管理しか頭になく、身上監護には興味も意識もない人だっているのが実情です。介護や医療に関しては苦手意識を持っていて、できるだけ判断を他の専門家に任せてしまいたいと思っているような成年後見人等もいます。

　だからといって、ケアマネジャーとしては、法的には高齢者本人とイコールの権限を持つ成年後見人等のことを無視していいわけでもありません。

　現在、「成年後見制度利用促進法」や成年後見制度利用促進基本計画の中で身上保護（監護）の重視が求められ、成年後見人等をも支える地域連携が自治体等の中核機関を中心に進められています。

事例のその後

　Ｃさんは野沢さんに話を聞くことにしました。すると、任意後見人である佐藤弁護士は、野沢さん本人が今後どういう生活を送りたいのかを一切聞かなかったと言うのです。改めてＣさんが野沢さんに今後の希望を尋ねたところ、「また自宅に戻って、主人が育てた植木を見ながら暮らしたい」とハッキリ言いました。

　野沢さんを担当する医師や看護師から「医療行為も必要ないし、見当識もまだあるから、ヘルパー等の見守りがあれば在宅生活は大丈夫」という言葉や、今後支えていくヘルパー事業者達から「万全の体制を取れる」という確認を取ったＣさんは、在宅での生活を進める方向で佐藤弁護士に契約の提案をしました。

　佐藤弁護士は「そのくらいの費用なら出せますが、本人は認知症なんでしょう？施設に入ってもらった方が良いんじゃないのですかねぇ」という反応でしたが、最終的には必要な契約書へ署名捺印をし、野沢さんは退院後も在宅で生活できることになりました。

＜担当ケアマネジャーＣさんの話＞

　成年後見人等がいてもいなくても、野沢さんが在宅での生活を続けるためには、絶対にケアマネジャーである私の関与が必要だと思い直したんです。幸いにもお医者さんやヘルパー事業者が頼もしい返事をくださったので、私も自信が持てました。

　退院の日、野沢さんは自宅に帰ってホッとした感じでした。私やヘルパー事業者などに「これからも頑張りたいので、ぜひよろしく」と、しっかり挨拶もしてくださいました。

解説

　認知症がある高齢者の意思を根気よく引き出し、確認することは、どの成年後見人等にもできることではありません。ケアマネジャーの方がそういうことに慣れているでしょうから、まずは高齢者本人の意思をケアマネジャー側で確認し、成年後見人等に伝えると良いでしょう。

　そして、高齢者本人の希望を実現する方向で動きたいのなら、どんな困難が予想されるのか、どのような対策が考えられるか、その対策によってどうなるか、ということを成年後見人等に伝え、「それで良いか」をイエス・ノーで確認しましょう。その際、記録を残しておくことが大切です。契約は最終的な結果にすぎません。

事例のその後

　その後、野沢さんを担当するヘルパーから「１日３食、きちんと食べられ

ていないようだ」との報告があったため、Cさんはケアプランの見直しを行いました。

　新たに配食サービスを追加することと野沢さんの在宅生活の様子を伝えるため、Cさんは佐藤弁護士に連絡を取りましたが、なかなか直接話をすることができません。

　ようやく連絡がついたと思えば、佐藤弁護士は「そういうことはそっちでやってもらっていいんですよ。ケアプランなんかは見ても分からないので、お任せしたいんですよね」という反応で、忙しいからと野沢さん宅への訪問も断られました。

＜担当ケアマネジャーCさんの話＞

　実際に野沢さんの様子も見ていただきたかったのですが……おそらく、佐藤弁護士は野沢さんの自宅に一度もいらしてないと思います。

　それでも何か変更点があるたびに、ポイントを押さえて連絡を入れることを続けてみました。そうしたらある日、私の事務所にお礼の電話があったんです。一応、ちゃんと見てくれているんだと安心しました。

　必要な書類にはきちんと署名捺印もくれるので、その部分は良かったと思っています。何といっても、野沢さんはもう80歳を超えられていますから。いつ何があるか分からないですし、すぐに連絡ができるキーパーソンがいるだけでも、やはり安心感は違います。

解説

　成年後見人等は、コミュニケーションや連携を上手に取れる人ばかりではありません。まずは、何のために、どうしてほしいのか、要点を押さえて連絡していくことを心がけてください。ケアマネジャーや事業者にとってのリスクマネジメントにもつながります。

　少なくとも、何かあった時に「知らなかった」と成年後見人等に言わせないようにすることが大事です。

その② ケアプランへの同意

　ケアマネジャーとしては、成年後見人等にケアプランをきちんと説明して理解してもらった上で同意をいただきたいです。高齢者本人に代わって判断するのが、成年後見人等だと思っていました。成年後見人等が付いていながら、こちらに任されっぱなしっていうのも、ちょっと心外です。

　連携してやっていきたいのに、ケアプランには関係してもらえないのですか？

　身上監護については、できれば自分は関係したくない、家族がいなくてもケアマネジャーやヘルパーに任せておけば何とかなる、と思っている成年後見人等もいます。特に法律家の成年後見人等は忙しかったり、ケアプランを説明しても専門的な部分を理解してもらえなかったりすることがあります。

　コツとしては、ケアマネジャー側で**理解しておいてほしいポイントを絞っておき、簡潔に伝える**ことです。

　例えば「3食きちんと召し上がっていないので、新しく配食サービスを導入したい。この事業者に依頼すると、これだけの金額がかかる。現状を理解した上で契約してもらいたいので、一度実際に来てほしい」など、介護の素人でも分かるような伝え方を心がけ、同意を取り付けましょう。

事例のその後

　2年近くが経過した頃、野沢さんが熱中症で倒れているところをヘルパーが発見し、救急車を呼ぶ騒ぎとなりました。Cさんは任意後見人である佐藤弁護士に電話をしたのですが、休暇中と言われるばかりで連絡が取れません。結局、野沢さんはそのまま入院することとなりました。

＜担当ケアマネジャーCさんの話＞

　海外にいる娘さんの連絡先を伺っていなかったので、佐藤弁護士と連絡が取れないともなると、もうどうしようもなくて……。ともかく私が駆けつけて、医師に事情を説明するしかありませんでした。

　単純な熱中症だと思っていたのですが、少し体力も落ちていたようで肺炎を併発し、約2週間入院することになりました。

　佐藤弁護士に連絡が取れたのは、退院の3日前くらいです。入退院の改めての手続きと支払くらいしかしてもらえなかったのですが、それも佐藤弁護士の事務所の方が来て手続きをしたようです。

ケアマネジャーの悩み
その③　後見人等に連絡が取れない

　　　入院等の緊急時にも連絡が取れない成年後見人等って、どうなんでしょうか。

　　成年後見人等に手術などへの同意権がないのは知っています。でも、入院等の時の手続きや保証金のことは、当然やってもらえるはずですよね。

　成年後見人等の**権限としては、入退院の手続き、保証金の支払、入院費用の支払等**があります。

　　ケアマネジャーにとって、入退院の騒ぎはよくあることですが、それを想定できない成年後見人等が大部分です。**緊急時の連絡方法などについて、こちらから事前に確認しておくことが必要**になります。

　熱中症で入院した野沢さんが退院することとなり、ケアマネジャーのＣさんは今後の体制について悩んでいました。野沢さんは相変わらず在宅生活を望んでいましたが、今後ますます一人暮らしが難しくなるであろうことを考えると、施設入所などの選択肢についても考えるべき段階です。

　そんな折、退院して自宅に戻った野沢さんの下に、任意後見人の佐藤弁護士が訪ねてきたと聞いたＣさん。退院後の様子を見に来てくれたのだろうと安心していたのもつかの間、数日後にヘルパーから「『私はどこに行くことになったの？』と野沢さんから暗い顔で聞かれたのですが、どういうことでしょうか」という連絡が入りました。

　心配になったＣさんが野沢さんを訪ねると、野沢さんは「佐藤弁護士に、ともかく自宅にはもういられないって言われたの」と不安そうな様子です。近くには有料老人ホームのパンフレットも置いてあり、何も聞いていなかったＣさんは驚きました。

＜担当ケアマネジャーＣさんの話＞

　すぐに佐藤弁護士に電話をしたのですが、「一人暮らしは限界でしょう。本人の資産で入れそうな施設を知り合いから紹介してもらいましたので、野沢さんには早速、来週試しで入って、そのまま入所してもらうつもりです。あなたにはお世話になりました」と一方的に言われてしまったのです。あまりのことに、私はとっさに何も言えませんでした。

　その後、いったん事務所に戻って上司と相談し、改めて佐藤弁護士に一度面会したい旨を伝えました。「野沢さんは自宅にとても愛着のある方で、今後もできるだけ自宅で生活したいと望んでおられる」こと、「ケアマネジャーとして、訪問看護師の自宅訪問等もサービスに入れながら今後の見守り体制を強化すれば、十分まだ自宅で生活が可能だと考えている」ことを説明しました。

　けれど、佐藤弁護士は「高齢者はみんな自宅にいたいとか言うけど、施設

で暮らしてみれば、きっとそっちの方が良くなりますよ。私が関わった方も、みなさん施設に入ってもらうようにしているんです。来週の施設の体験入所は、私の方で手配しますよ」と取り合ってくれません。話は平行線のまま、ついに体験入所の日となってしまいました。

解説

このような場合、できるだけ高齢者本人の立場に立って理解を求め、成年後見人等を説得するしかありません。

成年後見人等は、高齢者本人のケアについてよく理解できていないのが普通ですから、高齢者本人の意思よりも身辺の保護を優先しがちです。本人意思を尊重するという部分も、十分理解できていない人は多いでしょう。

申立てに関わったかどうかにかかわらず、地域の後見センター等に状況を話し、あらためてチーム体制の中で本人の意思決定支援がされるよう促してください。ケアマネジャーとしての**見解をきちんと伝え、高齢者本人意思の代弁をし、そのやり取りを記録に残しておくこと**が必要です。

ケアマネジャーの悩み

その④　全て成年後見人等が一人で決めてしまっていいの？

誰にも相談せず、高齢者本人の状態も気持ちも確認しないまま、成年後見人等が勝手に施設入所を決めてしまいました。**成年後見人等であれば、勝手に決めてしまってもいいのですか？**

　高齢者本人の意思に反して、どこに住むかを決めるといった**「本人の居所指定権」は、本来であれば成年後見人等には認められていません。**しかし、成年後見人等は本人の身上に責任を持つ立場のため、身辺の「保護」のために施設の入所契約を独断で推し進めてしまうことがあるのが現状です。

　高齢者本人の意思に反する決定をする場合は、少なくともケアマネジャーや訪問看護師等の意見を十分聞くのが成年後見人等のあるべき姿勢でしょうが、そうしなくとも成年後見人等に罰則はありません。高齢者本人のためにも、成年後見人等が勝手に決める事態にならないようにしたいものです。そのためには、早期から高齢者本人のためにも、そして身上監護が苦手な成年後見人等のためにも、地域の後見中核機関の地域連携ネットワークにのって、チーム体制を作っていくことが必要なのです。

事例のその後

　野沢さんが施設に体験入所する当日、Ｃさんは野沢さん宅の様子を見に行ってみました。野沢さんは既に出かけた後だったようですが、留守の野沢さん宅の周りを、見知らぬ数人が何か調べていることに気が付きました。

　Ｃさんが声をかけたところ、「ちょっと住宅の状況を確認しているだけです」という返事。気になったＣさんでしたが、その後の仕事もあったため、それ以上は追及せずに事務所に戻りました。

野沢さんが体験入所を始めて数日後。突然Cさんの下に、これまで連絡も取れていなかった野沢さんの長女から「母に連絡が取れないけれど、どうしていますか」という電話が入ったのです。

＜担当ケアマネジャーCさんの話＞

野沢さんの娘さんは、仕事の関係で一時的に帰国されたのだそうです。自宅にお母様の姿がないので驚き、電話の上に貼ってあった私の名刺を見つけて電話してくださったそうです。

私は娘さんにこれまでの経緯をご説明して、野沢さんがいる有料老人ホームや佐藤弁護士の事務所の電話番号などをお伝えしました。これ以上は私が立ち入る話ではないと思っていたので、できれば娘さんがこの状況を変えてくだされればという気持ちでいました。たった一人の身内である娘さんの意向であれば、佐藤弁護士も聞いてくれるだろうと期待していたのです。

解説

権限を持っている成年後見人等とはいえ、高齢者本人のことを何でも分かるわけではありませんから、親族やケアマネジャー等の支援者と連携して物事を決めていくべきです。

ただし、家族との関係においては、例えば支援を必要としている高齢者本人に対し、家族が介護サービスを利用させずにいる場合などでは、自治体が成年後見人等を立て、家族の意思を遮断して介護サービスを利用できるようにすることもあります。

こうしたケースがあることから、家族が高齢者本人の権利を勝手に行使し、介護サービスをやめさせることはできません。**家族は家族の立場で意見を言うことはできますが、高齢者本人の権利を行使できるのは、本人と法的代理人の成年後見人等だけ**ということになります。

その⑤　親族と成年後見人等、どっちの意見が強いの？

これまで音信不通だった親族が、急に口を出してくるようになりました。

介護方針等の意見が**成年後見人等と家族で異なる場合、どちらが権限を持っていて、どちらの意見が通るのでしょうか？**

事例のように、自分の意思で後見人に権限を持ってもらう契約（任意後見契約）をしている場合は、本人の**法的な代理人は任意後見人となるため、親族等であっても勝手な意見は通りません。**

法定後見の場合は、成年後見人等と家族の意見が異なった時のためにも、申立ての際、近い親族に後見人について同意を得ることになっています。

事例のその後

　その後、野沢さんの長女からも佐藤弁護士からも連絡がないまま、半月ほどが過ぎました。

　Ｃさんは思いきって、今後の野沢さんのケアプラン等について佐藤弁護士に連絡を入れることにしました。するとその日のうちに、「野沢さんはそのまま入所されました」という伝言がＣさんの下に届いたのです。

　それから半年後、Ｃさんが野沢さん宅の前を通りかかったところ、なんと家が取り壊されているのを目の当たりにしてしまいました。

＜担当ケアマネジャーＣさんの話＞

　野沢さんが入所されたと聞いた時は、ケアマネジャーとして本当に残念で悔しかったです。その上、野沢さんの家が壊され土地が売却されたと聞いて、納得いかない気持ちが一気に込み上げました。

　前に、野沢さんが施設の体験入所をしていた時に家の近くにいた人達は、売却の下見に来ていたんだろうなと今さらながらに思います。成年後見人等の報酬は、不動産の売却などで一挙に上がるらしいという話を、先日耳にしたばかりです。やられた！とも思いました。

　どうしても納得がいかなかった私は、これまでの記録をまとめ、家庭裁判所に経緯を話して相談しました。でも、裁判所の方は「金銭搾取などの不正がなければ、解任とかはありえないです」と言うのです。成年後見制度が守ろうとしているのは、一体何なのだろうと不信感だけが残りました。

その⑥　成年後見人等の行動に納得いかない。不正？どうしたらいいの？

成年後見人等に権限があるのだとしても、**やっていることが客観的に見て高齢者本人のためにならない、おかしいと思う時、私達ができることってあるのでしょうか？**

あまりにも高齢者本人の気持ちや権利を無視しているように思えてならないのです。

成年後見制度を利用している人は、権利侵害等を受けやすく、苦情をうまく言えない方々が多いのです。

他者からの権利侵害の場合は、成年後見人等が苦情等を申し立てることができますが、成年後見人等からの権利侵害については、他の支援者が気付くしかありません。

高齢者本人のためにならない、おかしい、不正があるかも、と感じるのであれば、できるだけ記録等をそろえ、客観的な事実として、裁判所に連絡・相談してください。

解説

　成年後見制度は、どのような成年後見人等が付き、どのような態度で高齢者本人と向き合ってもらえるかで、その後の本人の生活に大きな違いが出てしまいます。成年後見人等としての関わり方は、その人の資格ではなく、人間性が出ます。

　成年後見人等は、法律家であっても市民であっても、**本人に寄り添いながら最終的な判断をする立場にある人です。**

　高齢者本人の人生を支えるという意味で本人の意思決定支援が重要となっていて、ケアマネジャー同様に「認知症の人の日常生活・社会生活における意思決定支援ガイドライン」に添った支援が求められています。その実践のために**チーム体制やケアマネジャー側から積極的な働きかけを行い、理解し合える関係作りが大事だと思います。まずは私達から働きかけ、変えていきましょう。**

　ケアマネジャーも成年後見人等も、高齢者本人の生活や権利を支えていくために不可欠の存在です。互いに役割分担し連携しながらも頑張っていきたいものです。

著者紹介

池田　惠利子（いけだ　えりこ）

【経歴・プロフィール】

　苦情申立て等アドボカシー活動に関わり、虐待対応や身寄りのない方への後見人活動、オンブズパーソン等、幅広く権利擁護活動に取り組んできたソーシャルワーカー（社会福祉士）。

　成年後見制度創設に関しては、1998年に日本社会福祉士会の副会長として法務省法制度審議会成年後見制度委員会に参考人として出席する他、制度と社会福祉との関連を深めることに尽力してきた。日本社会福祉士会の権利擁護機関「ぱあとなあ」設立を推進、社会福祉協議会の日常生活自立支援事業（地域福祉権利擁護事業）創設には厚生労働省での検討から関わった。

　また、地域包括支援センターの創設に際しては、「権利擁護業務」の必要性と重要性を提唱。運営マニュアルの執筆者でもある。

　「高齢者虐待の防止、高齢者の養護者に対する支援等に関する法律」の成立にも関わり、高齢者虐待対応スーパーバイズを専門職に行う他、現在も権利擁護関連の実践活動も幅広く行っている。

　厚生労働省老健局の「認知症の人の日常生活・社会生活における意思決定支援ガイドライン」策定委員も務めた。

東洋大学大学院社会学部福祉システム学科修了　社会学修士

2010年　読売新聞認知症ケア奨励賞受賞

【現在の公職等】

内閣府　成年後見制度利用促進委員会　臨時委員（〜2018年3月）

厚生労働省　成年後見制度利用促進専門家会議　委員（2018年7月〜）

厚生労働省　社会保障審議会　年金部会委員

日本年金機構　運営評議会委員

いけだ権利擁護支援ネット　代表

公益社団法人　日本社会福祉士会　参事

一般社団法人　日本成年後見法学会（JAGA）　副理事長

公益社団法人　成年後見センター・リーガルサポート　理事

公益財団法人　東京都福祉保健財団　高齢者権利擁護支援センター

　アドバイザー（前センター長）

世田谷区社会福祉協議会後見支援センター　事例検討委員、運営委員

他

【主な著書】

『ソーシャルワークと権利擁護』権利擁護研究会編、中央法規出版、2001 年

『ケアマネジャーのための権利擁護実践ガイド』中央法規出版、2006 年

『高齢者虐待対応・権利擁護実践ハンドブック』法研、2008 年

『エピソードで学ぶ成年後見人 Part Ⅰ』『同Ⅱ』民事法研究会、2010 年、2014 年

『市民後見入門』民事法研究会、2011 年

『事例で学ぶ「高齢者虐待」実践対応ガイド』中央法規出版、2013 年

『法人後見実務ハンドブック』民事法研究会、2015 年

『あなたの悩みを解決できる！成年後見』第一法規、2016 年

その他テキスト等多数

サービス・インフォメーション

―――――――――――――――――――――― 通話無料 ――――

①商品に関するご照会・お申込みのご依頼
　　　　　　TEL 0120(203)694 ／ FAX 0120(302)640
②ご住所・ご名義等各種変更のご連絡
　　　　　　TEL 0120(203)696 ／ FAX 0120(202)974
③請求・お支払いに関するご照会・ご要望
　　　　　　TEL 0120(203)695 ／ FAX 0120(202)973

●フリーダイヤル(TEL)の受付時間は、土・日・祝日を除く
　9：00 ～ 17：30 です。
●FAXは24時間受け付けておりますので、あわせてご利用ください。

仕事がはかどるケアマネ術シリーズ③
改訂版　あなたの悩みを解決できる！成年後見

2020 年 2 月 10 日　初版発行

著　　者　　池田　惠利子

発行者　　田中　英弥

発行所　　第一法規株式会社
　　　　　〒 107-8560　東京都港区南青山 2-11-17
　　　　　ホームページ　https://www.daiichihoki.co.jp/

ブックデザイン　株式会社エディット

ケアマネ後見改　ISBN978-4-474-06957-2　C2036（5）